William Shakespeare

Hamlet

Großdruck

SEVERUS

Shakespeare, William: Hamlet
Hamburg, SEVERUS Verlag 2014

ISBN: 978-3-86347-895-7
Druck: SEVERUS Verlag, Hamburg, 2014
Lektorat und Satz: Vivian Wille

Der SEVERUS Verlag ist ein Imprint der Diplomica Verlag GmbH.

Bibliografische Information der Deutschen Nationalbibliothek:
Die Deutsche Nationalbibliothek verzeichnet diese Publikation in der Deutschen Nationalbibliografie; detaillierte bibliografische Daten sind im Internet über http://dnb.d-nb.de abrufbar.

William Shakespeare

Hamlet

Inhalt

Vorwort

Dieses tiefsinnigste und man darf wohl sagen berühmteste Werk unseres Dichters, dessen Gedankenreichtum von keinem Drama der gesamten Weltliteratur übertroffen wird, entstand auf der Grenzscheide des sechzehnten und siebenzehnten Jahrhunderts. Shakespeare entnahm den Stoff und viele Einzelheiten der alten Hamletsage des dänischen Chronisten Saxo grammaticus, oder deren novellistischer Bearbeitung durch den Franzosen Belleforest und ihrer englischen Übersetzung. Obgleich Goethe schon in seinem Wilhelm Meister die Grundidee des Stücks und des Hamlet-Charakters erschöpfend dargelegt hat, sind seitdem doch Berge von Kommentaren erschienen, welche viele geistreiche Erörterungen, aber auch vielen gelehrten Unsinn zutage gefördert haben. Jedenfalls aber legen sie Zeugnis davon ab, wie hoch die gebildete Welt dieses Meisterstück der dramatischen Muse schätzt und wie deshalb jeder Winkel durchstöbert wird, um alle seine Schönheiten zu enthüllen, seine Tiefen zu erforschen und wirklich oder vermeintlich dunkle Stellen aufzuklären. Zu Letzteren gehören hauptsächlich Hamlets Verhältnis zu Ophelia, das Wissen oder Nichtwissen seiner Mutter um den Mord ihres Gatten und die Grenzen von Hamlets verstelltem Wahnsinn, endlich auch die Motive seiner Handlungsweise in den letzten Stadien. Leider teilt Hamlet einen Fehler mancher anderen Shakespeareschen Dramen, indem das Stück nämlich mit der absteigenden Handlung schwächer wird. – Abgesehen von einer bereits 1626 in Dresden stattgehabten Aufführung eines possenhaften Hamlet durch »englische Komödianten«, gebührt Schröder das Verdienst, durch die erste Aufführung, am 20. September 1776, die geistige

Einbürgerung Hamlets auf der deutschen Bühne eingeleitet zu haben, wo es jetzt zu den verbreitetsten und beliebtesten Stücken zählt. In Berlin ward es 1799, durch Schlegel eingeführt. Die Lehren für die Schauspielkunst, die es enthält, sind und bleiben mustergültig für alle Zeiten. – Für die Zeit der Handlung fehlt es im Hamlet, außer etwa der Erwähnung der Universität Wittenberg, an jedem Anhalt.

Personen

CLAUDIUS, König von Dänemark.

HAMLET, Sohn des vorigen und Neffe des gegenwärtigen Königs.

POLONIUS, Oberkämmerer.

HORATIO, Hamlets Freund.

LAERTES, Sohn des Polonius.

VOLTIMAND,

CORNELIUS,

ROSENKRANZ,

GÜLDENSTERN, Hofleute.

OSRICK, ein Hofmann.

Ein anderer HOFMANN.

Ein PRIESTER.

MARCELLUS,

BERNARDO, Offiziere.

FRANCISCO, ein Soldat.

REINHOLD, Diener des Polonius.

Ein HAUPTMANN.

Ein Gesandter.

Der Geist von Hamlets Vater.

Fortinbras, Prinz von Norwegen.

Gertrude, Königin von Dänemark und Hamlets Mutter.

Ophelia, Tochter des Polonius.

Herren und Frauen vom Hofe, Offiziere, Soldaten, Schauspieler, Totengräber, Matrosen, Boten und anderes Gefolge.

Die Szene ist in Helsingör.

Erster Aufzug

Erste Szene

Helsingör. Eine Terrasse vor dem Schlosse.
*(*FRANCISCO *auf dem Posten.* BERNARDO *tritt auf.)*

BERNARDO.

Wer da?

FRANCISCO.

Nein, mir antwortet: steht und gebt euch kund.

BERNARDO.

Lang lebe der König!

FRANCISCO.

Bernardo?

BERNARDO.

Er selbst.

FRANCISCO.

Ihr kommt gewissenhaft auf eure Stunde.

BERNARDO.

Es schlug schon zwölf; mach dich zu Bett, Francisco.

FRANCISCO.

Dank für die Ablösung! Es ist bitter kalt,
Und mir ist schlimm zu Mut.

BERNARDO.

War eure Wache ruhig?

FRANCISCO.

Alles mausestill.

BERNARDO.

Nun, gute Nacht! Wenn ihr auf meine Wachtgefährten stoßt, Horatio und Marcellus, heißt sie eilen.

*(*Horatio *und* Marcellus *treten auf.)*

Francisco.

Ich denke, ich höre sie. – He! Halt! Wer da?

Horatio.

Freund dieses Bodens.

Marcellus.

Und Vasall des Dänen.

Francisco.

Habt gute Nacht.

Marcellus.

O grüß dich, wackrer Krieger,
Wer hat dich abgelöst?

Francisco.

Bernardo hat den Posten.

Habt gute Nacht.

Marcellus.

Holla, Bernardo! Sprecht!

BERNARDO.

He, ist Horatio da?

HORATIO.

Ein Stück von ihm.

BERNARDO.

Willkommen euch! Willkommen, Freund Marcellus.

HORATIO.

Nun, ist das Ding heut wiederum erschienen?

BERNARDO.

Ich habe nichts gesehen.

MARCELLUS.

Horatio sagt, es sei nur Einbildung,
Und will dem Glauben keinen Raum gestatten
An dieses Schreckbild, das wir zweimal sahen.
Deswegen habe ich ihn hierher geladen,
Mit uns die Stunden dieser Nacht zu wachen,
Damit, wenn wieder die Erscheinung kommt,

Er unseren Augen zeuge und mit ihr spreche.

HORATIO.

Pah, pah! Sie wird nicht kommen.

BERNARDO.

Setzt euch denn, und laßt uns nochmals euer
Ohr bestürmen, uns so verschanzt ist gegen den Bericht,
Was wir zwei Nächte sahen.

HORATIO.

Gut, sitzen wir,
Und laßt Bernardo uns hiervon erzählen.

BERNARDO.

Die allerletzte Nacht,
Als eben jener Stern, vom Pol gen Westen,
In seinem Lauf den Teil des Himmels hellte,
Wo jetzt er glüht, da sahen Marcell und ich,
Indem die Glocke eins schlug –

MARCELLUS.

O still! Halt ein! Sieh, wie's da wieder kommt.

(Der Geist kommt in voller Rüstung.)

BERNARDO.

Ganz die Gestalt wie der verstorbene König.

MARCELLUS.

Du bist gelehrt, sprich du mit ihm, Horatio.

BERNARDO.

Sieht es nicht dem König gleich? Schau es an, Horatio.

HORATIO.

Ganz gleich; es macht mich starr vor Furcht und Staunen.

BERNARDO.

Es möchte angeredet sein.

MARCELLUS.

Horatio, sprich mit ihm.

HORATIO.

Wer bist du, der sich dieser Nachtzeit anmaßt,
Und dieser edlen, kriegerischen Gestalt,
Worin die Hoheit des begrabenen Dänemark
Weiland einherging? Ich beschwöre dich
Beim Himmel, sprich.

MARCELLUS.

Es ist beleidigt.

BERNARDO.

Seht, es schreitet weg.

HORATIO.

Bleib, sprich! Sprich, ich beschwöre dich, sprich!

(Geist ab.)

MARCELLUS.

Fort ist es und will nicht reden.
Bernardo.
Wie nun, Horatio? Ihr zittert und seht bleich;
Ist dies nicht etwas mehr als Einbildung?
Was haltet ihr davon?

HORATIO.

Bei meinem Gott, ich dürfte dies nicht glauben,
Hätte ich die sichere, fühlbare Gewähr
Der eignen Augen nicht.

MARCELLUS.

Sieht es nicht dem König gleich?

HORATIO.

Wie du dir selbst.
Genau so war die Rüstung, die er trug,
Als er sich mit dem stolzen Norweger maß;
So dräute er einst, als er in hartem Zweisprach
Aufs Eis warf den beschlitteten Polacken.
Es ist seltsam.

MARCELLUS.

So schritt er, grad um diese dumpfe Stunde
Schon zweimal kriegerisch unsere Wacht vorbei.

HORATIO.

Wie dies bestimmt zu deuten, weiß ich nicht;
Allein so viel ich insgesamt erachte,

Verkündet es unserem Staat besondere Gärung.

MARCELLUS.

Nun, setzt euch, Freunde, sagt mir, wer es weiß,
warum dies aufmerksame strenge Wachen
Den Untertan des Landes nächtlich plagt?
Warum wird Tag für Tag Geschütz gegossen,
Und in der Fremde Kriegsgerät gekauft?
Warum gepreßt für Werften, wo das Volk
Den Sonntag nicht vom sauren Werktag trennt?
Was gibt es, daß diese schweißbetriefte Eil
Die Nacht dem Tage zur Gehilfin macht?
Kann jemand mich belehren?

HORATIO.

Ja, ich kann es;
Zumindest heißt es so. Der letzte König
Ward, wie ihr wißt, durch Fortinbras von Norwegen,
Den eifersüchtiger Stolz dazu gespornt,
Zum Kampf gefordert; unser tapferer Hamlet
(Denn diese Seite der bekannten Welt

Hält ihn dafür) schlug diesen Fortinbras,
Der laut dem untersiegelten Vertrag,
Bekräftigt durch Recht und Rittersitte,
Mit seinem Leben alle Ländereien,
So er besaß, verwirkte an den Sieger;
Wogegen auch ein angemessenes Teil
Von unserem König ward zum Pfand gesetzt,
Das Fortinbras anheimgefallen wäre,
Hätte er gesiegt; wie durch denselben Handel
Und Inhalt der besprochenen Punkte sein es
An Hamlet fiel. Der junge Fortinbras
Hat nun, von wildem Feuer heiß und voll,
An Norwegens Ecken hier und da ein Heer
Landflüchtiger Abenteurer aufgerafft,
Für Brot und Kost, zu einem Unternehmen
Das Herz hat; welches denn kein anderes ist
(Wie unser Staat das auch gar wohl erkennt)
Als durch die starke Hand und Zwang der Waffen
Die vorbesagten Land' uns abzunehmen,
Die so sein Vater eingebüßt: und dies
Scheint mir der Antrieb unserer Zurüstungen,

Die Quelle unserer Wachen, und der Grund
Von diesem Treiben und Gewühl im Lande.

BERNARDO.
Nichts andres, denke ich, ist es, als eben dies.
Wohl trifft es zu, daß diese Schreckgestalt
In Waffen unsere Wacht besucht, so ähnlich
Dem König, der der Anlaß dieses Kriegs.

HORATIO.
Ein Stäubchen ist's, des Geistes Aug' zu trüben.
Im höchsten palmenreichsten Stande Roms,
Kurz vor dem Fall des großen Julius, standen
Die Gräber leer, verhüllte Tote schrien
Und wimmerten die Römischen Gassen durch.
Dann feuergeschweifte Sterne, blutiger Tau,
Die Sonne fleckig; und der feuchte Stern,
Dessen Einfluß waltet in Neptuns Reich,
Krankt' an Verfinsterung wie zum jüngsten Tag.
Und eben solche Zeichen grauser Dinge
(Als Boten, die dem Schicksal stets vorangehen,
Und Vorspiel der Entscheidung, die sich naht)

Hat Erde und Himmel insgemein gesandt
An unseren Himmelsstrich und Landesgenossen.

(Der Geist kommt wieder.)

Doch still! Schaut, wie's da wieder kommt. Ich
kreuze es
Und sollte es mich verderben. – Steh, Phantom!
Hast du Gebrauch der Stimme und einen Laut:
Sprich zu mir! Ist irgendeine gute Tat zu tun,
Die Ruh dir bringen kann und Ehre mir:
Sprich zu mir! Bist du vertraut mit deines Landes
Schicksal, Das etwa noch Voraussicht wenden
kann:
O sprich! Und hast du aufgehäuft in deinem
Leben
Erpreßte Schätze in der Erde Schoß,
Wofür ihr Geister, sagt man, oft im Tode
Umhergeht: sprich davon! Verweile und sprich!

(Der Hahn kräht.)

Halte es doch auf, Marcellus!

MARCELLUS.

Soll ich nach ihm mit der Hellbarde schlagen?

HORATIO.

Tu es, wenn es nicht stehen will.

BERNARDO.

Es ist hier.

HORATIO.

Es ist hier.

MARCELLUS.

Es ist fort.

(Geist ab.)

Wir tun ihm Schmach, da es so majestätisch,
Wenn wir den Anschein der Gewalt ihm bieten.
Denn es ist unverwundbar wie die Luft,
Und unsre Streiche nur boshafter Hohn.

BERNARDO.

Es war am Reden, als der Hahn just krähte.

HORATIO.

Und da fuhr es auf, gleich einem sündigen Wesen
auf einen Schreckensruf. Ich habe gehört,
Der Hahn, der als Trompete dient dem Morgen,
Erweckt mit schmetternder und heller Kehle
Den Gott des Tages, und auf seine Mahnung,
Sei es in der See, im Feuer, Erde oder Luft,
Eilt jeder schweifende und irre Geist
In sein Revier; und von der Wahrheit dessen
Gab dieser Gegenstand uns den Beweis.

MARCELLUS.

Es schwand erblassend mit des Hahnes Krähen.
Sie sagen, immer wann die Jahreszeit naht,
Wo man des Heilands Ankunft feiert, singe
Die ganze Nacht durch diesen frühen Vogel.
Dann darf kein Geist umhergehen, sagen sie,
Die Nächte sind gesund, dann trifft kein Stern.
Keine Elfe naht, noch mögen Hexen zaubern:
So gnadenvoll und heilig ist die Zeit.

HORATIO.

So hörte auch ich und glaube dran zum Teil.
Doch seht, der Morgen, angetan mit Purpur,
Betritt den Tau des hohen Hügels dort:
Laßt uns die Wacht aufbrechen, und ich rate,
Vertrauen wir, was wir diese Nacht gesehen,
Dem jungen Hamlet; denn bei meinem Leben,
Der Geist, so stumm für uns, ihm wird er reden.
Ihr willigt drein, daß wir ihm dieses melden,
Wie Liebe uns nötigt und der Pflicht geziemt?

MARCELLUS.

Ich bitte euch, tun wir das; ich weiß, wo wir
Ihn am bequemsten heute finden werden.

(Ab.)

Zweite Szene

Ein Staatszimmer im Schlosse.
(Der König, die Königin, Hamlet, Polonius, Laertes, Voltimand, Cornelius, Herren vom Hofe und Gefolge.)

König.

Wiewohl von Hamlets Tod, des werten Bruders,
Noch das Gedächtnis frisch; und ob es unserem
Herzen
Zu trauern ziemte, und dem ganzen Reich,
In eine Stirn des Grames sich zu falten:
Soweit hat Urteil die Natur bekämpft,
Daß wir mit weisem Kummer sein gedenken,
Zugleich mit der Erinnerung an uns selbst.
Wir haben also unsere weiland Schwester,
Jetzt unsere Königin, die hohe Witwe
Und Erbin dieses kriegerischen Staats,
Mit unterdrückter Freude, so zu sagen,
Mit einem heitern, einem nassen Auge,
Mit Leichenjubel und mit Hochzeitklage,

In gleichen Schalen wägend Leid und Lust,
Zur Ehe genommen; haben auch hierin
Nicht eurer bessern Weisheit widerstrebt,
Die frei uns beigestimmt. – Für alles, Dank!
Nun wißt ihr, hat der junge Fortinbras
Aus Minderschätzung unseres Werts,
und denkend,
Durch unseres teuren seligen Bruders Tod
Sei unser Staat verrenkt und aus den Fugen:
Gestützt auf diesen Traum von seinem Vorteil,
Mit Botschaft uns zu plagen nicht ermangelt
Um Wiedergabe jener Ländereien,
Rechtskräftig eingebüßt von seinem Vater
An unseren tapferen Bruder. – So viel von ihm;
Nun von uns selbst und eurer Herbeirufung,
So lautet das Geschäft: wir schreiben hier
An Norwegen, Ohm des jungen Fortinbras,
Der schwach, bettlägerig, kaum von diesem
Anschlag
Des Neffen hört, desselben fernen Gang
Hierin zu hemmen; da ja doch die Werbung,

Bestand und Zahl der Truppen, alles doch
Aus seinem Volk geschieht; und senden nun,
Euch, wackrer Voltimand, und euch, Cornelius,
Mit diesem Gruß zum alten Norwegen hin;
Euch keine weitere Vollmacht übergebend,
Zu handeln mit dem König, als das Maß
Der hier erörterten Artikel zuläßt.
Lebt wohl, und Eil empfehle euren Eifer.

CORNELIUS und VOLTIMAND.

Hier, wie in allem, wollen wir ihn zeigen.

KÖNIG.

Wir zweifeln nicht daran. – Lebt herzlich wohl.

(Voltimand und Cornelius ab.)

Und nun, Laertes, sagt, was bringt ihr uns?
Ihr nanntet ein Gesuch: was ist es, Laertes?
Ihr könnt nicht von Vernunft dem Dänen reden,
Und euer Wort verlieren. Kannst du bitten,
Was ich nicht gern gewährte, eh du es verlangst?
Der Kopf ist nicht dem Herzen mehr verwandt,

Die Hand dem Munde dienstgefälliger nicht,
Als Dänemarks Thron es deinem Vater ist.
Was wünschest du, Laertes?

LAERTES.

Hoher Herr,
Vergünstigung nach Frankreich rückzukehren,
Woher ich zwar nach Dänemark willig kam,
Bei eurer Krönung meine Pflicht zu leisten;
Doch nun gestehe ich, da die Pflicht erfüllt,
Strebt mein Gedanke und Wunsch nach
Frankreich hin,
Und neigt sich eurer gnädigen Erlaubnis.

KÖNIG.

Erlaubt es der Vater euch?
Was sagt Polonius?

POLONIUS.

Er hat, mein Fürst, die zögernde Erlaubnis
Mir durch beharrlich Bitten abgedrungen,
Daß ich zuletzt auf seinen Wunsch das Siegel

Der schwierigen Bewilligung gedrückt.
Ich bitte euch, gebt Erlaubnis ihm zu gehen.

König.

Nimm deine günstige Stunde: Zeit sei dein,
Und eigne Zierde: nutze sie nach Lust.
Doch nun, mein Vetter Hamlet und mein Sohn.

Hamlet.

(beiseite.)

Mehr als befreundet, weniger als Freund.

König.

Wie, hängen stets noch Wolken über euch?

Hamlet.

Nicht doch, mein Fürst, ich habe zuviel Sonne.

Königin.

Wirf, guter Hamlet, ab die nächtige Farbe,

Und laß dein Auge als Freund auf Dänemark sehn.
Such nicht beständig mit gesenkten Wimper

Nach deinem edlen Vater in dem Staub.
Du weißt, es ist gemein: was lebt, muß sterben,
Und Ewiges nach der Zeitlichkeit erwerben.

HAMLET.

Ja, gnädige Frau, es ist gemein.

KÖNIGIN.

Nun wohl, weswegen scheint es so besonders dir?

HAMLET.

Scheint, gnädige Frau? Nein, ist; mir gilt kein scheint. Nicht bloß mein düsterer Mantel, gute Mutter,
Noch die gewohnte Tracht von ernstem Schwarz,
Noch stürmisches Geseufze beklemmten Odems,
Noch auch im Auge der ergiebige Strom,
Noch die gebeugte Haltung des Gesichts,
Samt aller Sitte, Art, Gestalt des Grames
Ist das, was wahr mich kund gibt; dies scheint wirklich:

Es sind Gebärden, die man spielen könnte.
Was über allen Schein, trage ich in mir;
All dies ist nur des Kummers Kleid und Zier.

König.

Es ist gar lieb und eurem Herzen rühmlich,
Hamlet. Dem Vater diese Trauerpflicht zu leisten.
Doch wißt, auch eurem Vater starb ein Vater;
Dem seiner, und der Nachgelassene soll,
Nach kindlicher Verpflichtung einige Zeit
Die Leichentrauer halten. Doch zu beharren
In eigenwilligen Klagen, ist das Tun
Gottlosen Starrsinns; ist unmännlich Leid;
Zeigt einen Willen, der dem Himmel trotzt,
Ein unverschanztes Herz und wild Gemüt;
Zeigt blöden ungelehrigen Verstand.
Wovon man weiß, es muß sein; was gewöhnlich
Wie das Gemeinste, das die Sinne rührt:
Weswegen das in mürrischem Widerstande
Zu Herzen nehmen? Pfui! Es ist Vergehen
Am Himmel; ist Vergehen an dem Toten,

Vergehen an der Natur; vor der Vernunft
Höchst töricht, deren allgemeine Predigt
Der Väter Tod ist, und die immer rief
Vom ersten Leichnam bis zum heut verstorbenen:
»Dies muß so sein.« – Wir bitten, werft zu Boden
Dies unfruchtbare Leid, und denkt von uns
Als einem Vater; denn wissen soll die Welt,
Daß ihr an unserem Thron der nächste seid,
Und mit nicht minder Überschwang der Liebe,
Als seinem Sohn der liebste Vater widmet,
Bin ich euch zugetan. Was eure Rückkehr
Zur hohen Schule in Wittenberg betrifft,
So widerspricht sie höchlich unserem Wunsch,
Und wir ersuchen euch, beliebt zu bleiben,
Hier in dem milden Scheine unseres Auges,
Als unser erster Hofmann, Vetter, Sohn.

KÖNIGIN.

Laß deine Mutter fehl nicht bitten, Hamlet:
Ich bitte, bleib bei uns, gehe nicht nach
Wittenberg.

HAMLET.

Ich will euch gern gehorchen, gnädige Frau.

KÖNIG.

Wohl, das ist eine liebe, schöne Antwort.
Seid wie wir selbst in Dänemark. – Kommt, Gemahlin!
Dies willige, freundliche Nachgeben Hamlets
Sitzt lächelnd um mein Herz; und dem zu Ehren
Soll das Geschütz heut jeden frohen Trunk,
Den Dänemark ausbringt, an die Wolken tragen,
Und wenn der König anklingt, soll der Himmel
Nachdröhnen irdischem Donner. – Kommt mit mir.

(König, Königin, Laertes und Gefolge ab.)

HAMLET.

O schmölze doch dies allzu feste Fleisch,
Zerginge, und löste in einen Tau sich auf!
Oder hätte nicht der Ewige sein Gebot
Gerichtet gegen Selbstmord! O Gott! O Gott!
Wie ekel, schal und flach und unersprießlich

Scheint mir das ganze Treiben dieser Welt!
Pfui, pfui darüber! Es ist ein wüster Garten,
Der auf in Samen schießt; verworfenes Unkraut
Erfüllt ihn gänzlich. Dazu mußte es kommen!
Zwei Monde erst tot! – Nein, nicht so viel, nicht zwei;
Solch trefflicher Monarch! Der neben diesem
Apoll bei einem Satyr; so meine Mutter liebend,
Daß er des Himmels Winde nicht zu rauh
Ihr Antlitz ließ berühren. Himmel und Erde!
Muß ich gedenken? Hing sie doch an ihm,
Als stiege das Wachstum ihrer Lust mit dem,
Was ihre Kost war. Und doch, in einem Mond –
Laßt mich es nicht denken! – Schwachheit, dein Name ist Weib! –
Ein kurzer Mond; bevor die Schuh verbraucht,
Womit sie meines Vaters Leiche folgte,
Wie Niobe, ganz Tränen – sie, ja sie;
O Himmel! Würde ein Tier, das nicht Vernunft hat,
Doch länger trauern. – Meinem Ohm vermählt,

Dem Bruder meines Vaters, doch ihm ähnlich
Wie ich dem Herkules; in einem Mond!
Bevor das Salz höchst frevelhafter Tränen
Der wunden Augen Röte noch verließ,
War sie vermählt! – O schnöde Hast, so rasch
In ein blutschänderisches Bett zu stürzen!
Es ist nicht, und es wird auch nimmer gut.
Doch brich, mein Herz! Denn schweigen muß
mein Mund.

*(*HORATIO*,* BERNARDO *und* MARCELLUS *treten auf.)*

HORATIO.

Heil Eurer Hoheit!

HAMLET.

Ich bin erfreut, euch wohl zu sehen.
Horatio wenn ich nicht mich selbst vergesse?

HORATIO.

Ja, Prinz, und euer armer Diener stets.

HAMLET.

Mein guter Freund; vertauscht mir jenen Namen.

Was macht ihr hier von Wittenberg, Horatio?
Marcellus?

MARCELLUS.

Gnädiger Herr –

HAMLET.

Es freut mich, euch zu sehen. Habt guten Abend.
Im Ernst, was führt euch weg von Wittenberg?

HORATIO.

Ein müßiggängerischer Hang, mein Prinz.

HAMLET.

Das möchte ich euren Feind nicht sagen hören,
Noch sollt Ihr meinem Ohr den Zwang antun,
Daß euer eignes Zeugnis gegen euch
Ihm gültig wäre. Ich weiß, ihr geht nicht müßig.
Doch was ist euer Geschäft in Helsingör?
Ihr sollt noch trinken lernen, ehe ihr reist.

HORATIO.

Ich kam zu eures Vaters Leichenfeier.

HAMLET.

Ich bitte, spottet meiner nicht, mein Schulfreund;
Du kamst gewiß zu meiner Mutter Hochzeit.

HORATIO.

Fürwahr, mein Prinz, sie folgte schnell darauf.

HAMLET.

Wirtschaft, Horatio! Wirtschaft! Das Gebackene
Vom Leichenschmaus gab kalte
Hochzeitschüsseln.
Hätte ich den ärgsten Feind im Himmel lieber
Getroffen, als den Tag erlebt, Horatio!
Mein Vater – mich dünkt, ich sehe meinen Vater.

HORATIO.

Wo, mein Prinz?

HAMLET.

In meines Geistes Auge, Horatio.

HORATIO.

Ich sah ihn einst, er war ein wackrer König.

HAMLET.

Er war ein Mann, nehmt alles nur in allem,
Ich werde nimmer seinesgleichen sehen.

HORATIO.

Mein Prinz, ich denke, ich sah ihn vorige Nacht.

HAMLET.

Sah? Wen?

HORATIO.

Mein Prinz, den König, euren Vater.

HAMLET.

Den König, meinen Vater?

HORATIO.

Beruhigt das Erstaunen eine Weile
Durch ein aufmerksames Ohr; bis ich dies
Wunder,
Auf die Bekräftigung der Männer hier,
Euch kann berichten.

HAMLET.

Um Gottes willen, laßt mich hören.

HORATIO.

Zwei Nächte nach einander war es den beiden,
Marcellus und Bernardo, auf der Wache
In toter Stille tiefer Mitternacht
So widerfahren. Ein Schatten, wie euer Vater,
Erscheint vor ihnen, geht mit ernstem Tritt
Langsam vorbei und stattlich; schreitet dreimal
Vor ihren starren, furchtergriffenen Augen,
So daß sein Stab sie abreicht; während sie,
Zerronnen fast zu Gallert durch die Furcht,
Stumm stehen, und reden nicht mit ihm. Dies nun
In banger Heimlichkeit vertrauen sie mir.
Ich hielt die dritte Nacht mit ihnen Wache;
Und da, wie sie berichtet, nach der Zeit,
Gestalt des Dings, buchstäblich alles wahr,
Kommt das Gespenst. Ich kannte euren Vater:
Hier, diese Hände gleichen sich nicht mehr.

HAMLET.

Wo ging dies aber vor?

MARCELLUS.

Auf der Terrasse, wo wir Wache hielten.

HAMLET.

Ihr sprachet nicht mit ihm?

HORATIO.

Ich tat es, mein Prinz,
Doch Antwort gab es nicht; nur einmal schien es,
Es höbe sein Haupt empor, und schickte sich
Zu der Bewegung an, als wollt es sprechen.
Doch eben krähte laut der Morgenhahn,
Und bei dem Tone schlüpfte es eilig weg
Und schwand aus unserem Blick.

HAMLET.

Sehr sonderbar.

HORATIO.

Bei meinem Leben, edler Prinz, es ist wahr;

Wir hielten es durch die Pflicht uns vorgeschrieben,
Die Sache euch kund zu tun.

HAMLET.

Im Ernst, im Ernst, ihr Herren, dies ängstigt mich.
Habt ihr die Wache heut?

ALLE.

Ja, gnädiger Herr.

HAMLET.

Geharnischt, sagt ihr?

ALLE.

Geharnischt, gnädiger Herr.

HAMLET.

Vom Wirbel bis zur Zehe?

ALLE.

Von Kopf zu Fuß.

HAMLET.

So saht ihr sein Gesicht nicht.

HORATIO.

O ja doch, sein Visier war aufgezogen.

HAMLET.

Nun, blickte er finster?

HORATIO.

Eine Miene, mehr
Des Leidens als des Zorns.

HAMLET.

Blass oder rot?

HORATIO.

Nein, äußerst blaß.

HAMLET.

Sein Auge auf euch geheftet?

HORATIO.

Ganz fest.

HAMLET.

Ich wollt, ich wäre dabeigewesen.

HORATIO.

Ihr hättet euch gewiß entsetzt.

HAMLET.

Sehr glaublich,
Sehr glaublich. Blieb es lang?

HORATIO.

Derweil mit mäßiger Eil
Man hundert zählen konnte.

MARCELLUS. BERNARDO.

Länger, länger.

HORATIO.

Nicht, da ich es sah.

HAMLET.

Sein Bart war greis, nicht wahr?

HORATIO.

Wie ich es an ihm bei seinem Leben sah,
Ein schwärzlich silbergrau.

HAMLET.

Ich will heut wachen.
Vielleicht wird es wieder kommen.

HORATIO.

Zuverlässig.

HAMLET.

Erscheint es in meines edlen Vaters Bildung,
So rede ich es an, gähnte auch die Hölle selbst,
Und hieße mich ruhig sein. Ich bitte euch alle:
Habt ihr bis jetzt verheimlicht dies Gesicht,
So haltet es ferner fest in eurem Schweigen;
Und was sich sonst zu Nacht ereignen mag,
Gebt allem einen Sinn, doch keine Zunge.
Ich will die Liebe euch lohnen; lebt denn wohl!
Auf der Terrasse zwischen elf und zwölf
Besuch ich euch.

ALLE.

Euer Gnaden unsere Dienste.

HAMLET.

Nein, eure Liebe, so wie meine euch.
Lebt wohl nun.

(Horatio, Marcellus und Bernardo ab.)

Meines Vaters Geist in Waffen!
Es taugt nicht alles: ich vermute was
Von argen Ränken. Wäre die Nacht erst da!
Bis dahin ruhig, Seele! Schnöde Taten,
Birgt sie die Erde auch, müssen sich verraten.

(Ab.)

Dritte Szene

Ein Zimmer in Polonius' Hause. (Laertes und Ophelia treten auf.)

LAERTES.

Mein Reisegut ist eingeschifft. Leb wohl,
Und Schwester, wenn die Winde günstig sind
Und Schiffsgeleit sich findet, schlaf nicht, laß
Von dir mich hören.

OPHELIA.

Zweifelst du daran?

LAERTES.

Was Hamlet angeht und sein Liebesgetändel,
So nimm es als Sitte, als ein Spiel des Bluts;
Ein Veilchen in der Jugend der Natur,
Frühzeitig, nicht beständig – süß, nicht dauernd,
Nur Duft und Labsal eines Augenblicks:
Nichts weiter.

OPHELIA.

Weiter nichts?

LAERTES.

Nur dafür halte es.
Denn die Natur, aufstrebend, nimmt nicht bloß
An Größe und Sehnen zu; wie dieser Tempel
wächst,
So wird der innere Dienst von Seele und Geist
Auch weit mit ihm. Er liebt euch jetzt vielleicht:
Kein Arg und kein Betrug befleckt bis jetzt
Die Tugend seines Willens: doch befürchte,
Bei seinem Rang gehört sein Wille ihm nicht.
Er selbst ist der Geburt ja untertan.
Er kann nicht wie geringe Leute tun
Für sich auslesen; denn an seiner Wahl
Hängt Sicherheit und Heil des ganzen Staats.
Deshalb muß seine Wahl beschränket sein
Vom Beifall und der Stimme jenes Körpers,
Von welchem er das Haupt. Wenn er nun sagt,
Er liebt dich, geziemt es deiner Klugheit ihm

Zu glauben, soweit er nach besonderem Recht
Und Stand Tat geben kann dem Wort; das
Heißt, nicht weiter als Dänemarks gesamte
Stimme geht. Bedenk, was deine Ehre leiden
Kann, wenn du zu gläubig seinem Liede
lauschest,
Dein Herz verlierst, und deinen keuschen Schatz
Vor seinem ungestümen Dringen öffnest.
Fürchte es, Ophelia! Fürchte es, liebe Schwester,
Und halte dich im Hintergrund der Neigung,
Fern von dem Schuß und Anfall der Begier.
Das scheueste Mädchen ist verschwenderisch
noch,
Wenn sie dem Monde ihren Reiz enthüllt.
Selbst Tugend nicht entgeht Verleumdertücken,
Es nagt der Wurm des Frühlings Kinder an,
Zu oft noch ehe die Knospe sich erschließt,
Und in der Frühe und frischem Tau der Jugend
Ist giftiger Anhauch am gefährlichsten.
Sei denn behutsam! Furcht gibt Sicherheit,
Auch ohne Feind hat Jugend inneren Streit.

OPHELIA.

Ich will den Sinn so guter Lehre bewahren,
Als Wächter meiner Brust; doch, lieber Bruder,
Zeigt nicht, wie heilvergessene Prediger tun,
Den steilen Dornenweg zum Himmel andern,
Derweil als frecher, lockerer Wollüstling
Er selbst den Blumenpfad der Lust betritt,
Und spottet seines Rats.

LAERTES.

O fürchtet nichts!
Zu lange weile ich – doch, da kommt mein Vater.

*(*POLONIUS *kommt.)*

Zwiefacher Segen ist ein zwiefaches Heil:
Der Zufall lächelt einen zweiten Abschied.

POLONIUS.

Noch hier, Laertes? Ei, ei! An Bord, an Bord,
Der Wind sitzt in dem Nacken eures Segels,
Und man verlangt euch. Hier, mein Segen mit dir

(Indem er dem Laertes die Hand aufs Haupt legt.)

Und diese Regeln präge in dein Gedächtnis:
Gib den Gedanken, die du hegst, nicht Zunge,
Noch einem ungebührlichen die Tat.
Leutselig sei, doch keineswegs gemein.
Dem Freund, der dein, und dessen Wahl erprobt,
Mit ehernen Haken klammer ihn an dein Herz.
Doch härte deine Hand nicht durch Begrüßung
Von jedem neugeheckten Bruder. Hüte dich
In Händel zu geraten; bist du drin:
Führe sie, daß sich dein Feind vor dir mag hüten.
Dein Ohr leih jedem, wenigen deine Stimme;
Nimm Rat von allen, aber spar dein Urteil.
Die Kleidung kostbar, wie es dein Beutel kann,
Doch nicht ins Grillenhafte; reich, nicht bunt:
Denn es verkündigt oft die Tracht den Mann,
Und die vom ersten Rang und Stand in
Frankreich
Sind drin von edelster und feinster Wahl.
Kein Borger sei und auch Verleiher nicht;
Sich und den Freund verliert das Darlehn oft,
Und borgen stumpft der Wirtschaft Spitze ab.

Dies über alles: sei dir selber treu,
Und daraus folgt, so wie die Nacht dem Tage,
Du kannst nicht falsch sein gegen irgendwen.
Leb wohl! Mein Segen fördere dies an dir!

LAERTES.

In Ehrerbietung nehme ich Abschied, Herr.

POLONIUS.

Euch ruft die Zeit; geht, eure Diener warten.

LAERTES.

Leb wohl, Ophelia, und gedenk an das,
Was ich dir sagte.

OPHELIA.

Es ist in mein Gedächtnis fest verschlossen,
Und ihr sollt selbst dazu den Schlüssel führen.

LAERTES.

Lebt wohl.

(Ab.)

POLONIUS.

Was ist es, Ophelia, das er euch gesagt?

OPHELIA.

Wenn ihr erlaubt, vom Prinzen Hamlet war es.

POLONIUS.

Ha, wohlbedacht!
Ich höre, daß er euch seit kurzem oft
Vertraute Zeit geschenkt; und daß ihr selbst
Mit eurem Zutritt sehr bereit und frei wart.
Wenn dem so ist – und so erzählt man mir es,
Und das als Warnung zwar – muß ich euch sagen,
Daß ihr euch selber nicht so klar versteht,
Als meiner Tochter ziemt und eurer Ehre.
Was gibt es zwischen euch? Sagt mir die
Wahrheit.

OPHELIA.

Er hat seither Anträge mir getan

Von seiner Zuneigung.

POLONIUS.

Pah, Zuneigung! Ihr sprecht wie junges Blut,
In solchen Fährlichkeiten unbewandert.
Und glaubt ihr den Anträgen, wie ihr es nennt?

OPHELIA.

Ich weiß nicht, Vater, was ich denken soll?

POLONIUS.

So hört es denn: denkt, ihr seid ein dummes
Ding, daß ihr für bar Anträge habt genommen,
Die ohne Ertrag sind. Nein, betragt euch klüger,
Sonst – um das arme Wort nicht tot zu hetzen–
Trägt eure Narrheit noch euch Schaden ein.

OPHELIA.

Er hat mit seiner Liebe in mich gedrungen,
In aller Ehre und Sitte.

POLONIUS.

Ja, Sitte mögt ihr es nennen; geht mir, geht!

OPHELIA.

Und hat sein Wort beglaubigt, lieber Herr,
Beinah durch jeden heiligen Schwur des Himmels.

POLONIUS.

Ja, Sprenkel für die Drosseln. Weiß ich doch,
Wenn das Blut kocht, wie das Gemüt der Zunge
Freigebig Schwüre leiht. Dies Lodern, Tochter,
Mehr leuchtend als erwärmend, und erloschen
Selbst im Versprechen, während es geschieht,
Nehmt keineswegs für Feuer. Kargt von nun an
Mit eurer jungfräulichen Gegenwart
Ein wenig mehr; schätzt eure Unterhaltung
Zu hoch, um auf Befehl bereit zu sein.
Und was Prinz Hamlet angeht, traut ihm so:
Er sei noch jung, und habe freieren Spielraum,
Als euch vergönnt mag werden. Kurz, Ophelia,
Traut seinen Schwüren nicht: denn sie sind Kuppler,
Nicht von der Farbe ihrer äußeren Tracht,

Fürsprecher sündlicher Gesuche bloß,
Gleich frommen, heiligen Gelübden atmend,
Um besser zu berücken. Eins für alles:
Ihr sollt mir, grade heraus, von heute an
Die Muße keines Augenblicks so schmähen,
Daß ihr Gespräche mit Prinz Hamlet pflöget.
Seht zu, ich sag es euch; geht nun eures Weges.

OPHELIA.

Ich will gehorchen, Herr.

(Ab.)

Vierte Szene

Die Terrasse.
*(*HAMLET*,* HORATIO *und* MARCELLUS *treten auf.)*

HAMLET.
Die Luft geht scharf, es ist entsetzlich kalt.

HORATIO.
Es ist eine schneidende und strenge Luft.

HAMLET.
Was ist die Uhr?

HORATIO.
Ich denke, nah an zwölf.

MARCELLUS.
Nicht doch, es hat geschlagen.

HORATIO.
Wirklich schon?
Ich hörte es nicht; so rückt heran die Stunde,
Worin der Geist gewohnt ist, umzugehen.

(Trompetenstoß und Geschütz abgefeuert hinter der Szene.)

Was stellt das vor, mein Prinz?

HAMLET.

Der König wacht die Nacht durch, zecht vollauf,
Hält Schmaus und taumelt den geräuschigen Walzer;
Und wie er Züge Rheinweins niedergießt,
Verkünden schmetternd Pauken und Trompeten
Den ausgebrachten Trunk.

HORATIO.

Ist das Gebrauch?

HAMLET.

Nun freilich wohl:
Doch meines Dünkens – bin ich eingeboren
Und drin erzogen schon– ist es ein Gebrauch,
Wovon der Bruch mehr ehrt als die Befolgung.
Dies schwindelköpfige Zechen macht verrufen
Bei andern Völkern uns in Ost und West;

Man heißt uns Säufer, hängt an unsere Namen
Ein schmutzig Beiwort; und fürwahr, es nimmt
Von unsern Taten, noch so groß verrichtet,
Den Kern und Ausbund unseres Wertes weg.
So geht es oft mit einzelnen Menschen auch,
Daß sie durch ein Naturmal, das sie schändet,
Als etwa von Geburt (worin sie schuldlos,
Weil die Natur nicht ihren Ursprung wählt)
Ein Übermaß in ihres Blutes Mischung,
Das Dämme und Schanzen der Vernunft oft einbricht,
Auch wohl durch Angewöhnung, die zu sehr
Den Schein gefälliger Sitten überrostet –
Daß diese Menschen, sage ich, welche so
Von einem Fehler das Gepräge tragen,
(Sei es Farbe der Natur, sei es Fleck des Zufalls)
Und wären ihre Tugenden so rein
Wie Gnade sonst, so zahllos wie ein Mensch
Sie tragen mag: in dem gemeinen Tadel
Steckt der besondere Fehl sie doch mit an;
Der Gran von Schlechtem zieht des edlen Wertes

Gehalt herab in seine eigene Schmach.

(Der Geist kommt gerüstet wie vorhin.)

HORATIO.

O seht, mein Prinz, es kommt!

HAMLET.

Engel und Boten Gottes, steht uns bei! –
Sei du ein Geist des Segens, sei ein Kobold,
Bring Himmelslüfte oder Dampf der Hölle,
Sei dein Beginnen boshaft oder liebreich,
Du kommst in so fragwürdiger Gestalt,
Ich rede doch mit dir; ich nenne dich, Hamlet,
Fürst, Vater, Dänenkönig: o, gib Antwort!
Laß mich in Blindheit nicht vergehen! Nein, sag:
Warum dein fromm Gebein, verwahrt im Tode,
Die Leinen hat gesprengt? Warum die Gruft,
Worin wir ruhig eingeurnt dich sah'n,
Geöffnet ihre schweren Marmorkiefern,
Dich wieder auszuwerfen? Was bedeutet es,
Daß, toter Leichnam, du, in vollem Stahl
Aufs neu des Mondes Dämmerschein besuchst,

Die Nacht entstellend; daß wir Narren der Natur
So furchtbarlich uns schütteln mit Gedanken,
Die unsere Seele nicht erreichen kann?

HORATIO.

Es winket euch, mit ihm hinwegzugehen,
Als ob es eine Mitteilung verlangte
Mit euch allein.

MARCELLUS.

Seht, wie es euch mit freundlicher Gebärde
Hinweist an einen mehr entlegenen Ort.
Geht aber nicht mit ihm.

HORATIO.

Nein, keineswegs.

HAMLET.

Es will nicht sprechen:
Wohl, so folge ich ihm.

HORATIO.

Tut es nicht, mein Prinz.

HAMLET.

Was wäre da zu fürchten?
Mein Leben achte ich keine Nadel wert;
Und meine Seele, kann es der was tun,
Die ein unsterblich Ding ist, wie es selbst?
Es winkt mir wieder fort, ich folge ihm nach.

HORATIO.

Wie, wenn es hin zur Flut euch lockt, mein Prinz,
Vielleicht zum grausen Wipfel jenes Felsen,
Der in die See nickt über seinen Fuß?
Und dort in andere Schreckgestalt sich kleidet,
Die der Vernunft die Herrschaft rauben könnte,
Und euch zum Wahnsinn treiben? O, bedenkt!
Der Ort an sich bringt Grillen der Verzweiflung
Auch ohne weiteren Grund in jedes Hirn,
Der so viel Klafter niederschaut zur See,
Und hört sie unten brüllen.

HAMLET.

Immer winkt es: Geh nur! Ich folge dir.

MARCELLUS.

Ihr dürft nicht gehen, mein Prinz.

HAMLET.

Die Hände weg!

HORATIO.

Hört uns, Ihr dürft nicht gehen.

HAMLET.

Mein Schicksal ruft,
Und macht die kleinste Ader dieses Leibes
So fest als Sehnen des Nemeer Löwen.

(Der Geist winkt.)

Es winkt mir immerfort: laßt los! Beim Himmel,

(Reißt sich los.)

Den mache ich zum Gespenst, der mich
zurückhält! –
Ich sage, fort! – Voran! Ich folge dir.

(Der Geist und Hamlet ab.)

HORATIO.

Er kömmt ganz außer sich vor Einbildung.

MARCELLUS.

Ihm nach! Wir dürfen ihm nicht so gehorchen.

HORATIO.

Kommt, folgen wir! Welch Ende wird dies nehmen?

MARCELLUS.

Etwas ist faul im Staate Dänemarks.

HORATIO.

Der Himmel wird es lenken.

MARCELLUS.

Laßt uns gehen.

(Ab.)

Fünfte Szene

Ein abgelegener Teil der Terrasse.
(Der Geist und Hamlet kommen.)

HAMLET.

Wo führst du hin mich?

Rede, ich geh nicht weiter.

GEIST.

Hör an!

HAMLET.

Ich will es.

GEIST.

Schon naht sich meine Stunde, wann ich den schweflichten, qualvollen Flammen mich übergeben muß.

HAMLET.

Ach, armer Geist!

GEIST.

Beklag mich nicht, doch leih dein ernst Gehör
Dem, was ich kund will tun.

HAMLET.

Sprich! Mir ist es Pflicht zu hören.

GEIST.

Zu rächen auch, sobald du hören wirst.

HAMLET.

Was?

GEIST.

Ich bin deines Vaters Geist:
Verdammt auf eine Zeitlang, nachts zu wandern,
Und tags gebannt in ewige Feuerglut,
Bis die Verbrechen meiner Zeitlichkeit
Hinweggeläutert sind. Wäre mir es nicht untersagt,
Das Innere meines Kerkers zu enthüllen,
So höbe ich eine Kunde an, von der
Das kleinste Wort die Seele dir zermalmte,

Dein junges Blut erstarrte, deine Augen
Wie Stern' aus ihren Kreisen schießen machte,
Dir die verworrenen krausen Locken trennte,
Und sträubte jedes einzelne Haar empor,
Wie Nadeln an dem zornigen Stacheltier:
Doch diese ewige Offenbarung faßt
Kein Ohr von Fleisch und Blut. – Horch, horch! O horch!
Wenn du je deinen teuren Vater liebtest –

HAMLET.

O Himmel!

GEIST.

Räche seinen schnöden unerhörten Mord.

HAMLET.

Mord?

GEIST.

Ja, schnöder Mord, wie er aufs beste ist,
Doch dieser unerhört und unnatürlich.

HAMLET.

Eil ihn zu melden: daß ich auf Schwingen, rasch
Wie Andacht und des Liebenden Gedanken,
Zur Rache stürmen mag.

GEIST.

Du scheinst mir willig:
Auch wärst du Träger, als das feiste Kraut,
Das ruhig Wurzel treibt an Lethes Bord,
Erwachtest du nicht hier. Nun, Hamlet, höre:
Es heißt, daß, weil ich schlief in meinem Garten,
Mich eine Schlange stach; so wird das Ohr des Reichs
Durch den erlogenen Hergang meines Todes
Schmählich getäuscht; doch wisse, edler Jüngling,
Die Schlange, die deines Vaters Leben stach,
Trägt seine Krone jetzt.

HAMLET.

O mein prophetisches Gemüt! Mein Oheim?

GEIST.

Ja, der blutschänderische Ehebrecher
Durch Witzes Zauber, durch Verrätergaben,
(O, arger Witz und Gaben, die im stand
So zu verführen sind!) gewann den Willen
Der scheinbar tugendsamen Königin
Zu schnöder Lust. O Hamlet, welch ein Abfall
Von mir, dessen Liebe von der Echtheit war,
Daß Hand in Hand sie mit dem Schwure ging,
Den ich bei der Vermählung tat; erniedert
Zu einem Sünder, von Natur durchaus
Armselig gegen mich!
Allein wie Tugend nie sich reizen läßt,
Buhlt Unzucht auch um sie in Himmelsbildung;
So Lust, gepaart mit einem lichten Engel,
Wird dennoch eines Götterbettes satt
Und hascht nach Wegwurf. –
Doch still! Mich dünkt, ich wittere Morgenluft:
Kurz laß mich sein. – Da ich im Garten schlief,
Wie immer meine Sitte nachmittags,
Beschlich dein Oheim meine sichere Stunde,

Mit Saft verfluchten Bilsenkrauts im Fläschchen,
Und träufelte in den Eingang meines Ohrs
Das schwärende Getränk; wovon die Wirkung
Somit des Menschen Blut in Feindschaft steht,
Daß es durch die natürlichen Kanäle
Des Körpers hurtig, wie Quecksilber, läuft;
Und wie ein saures Laab, in Milch getropft,
Mit plötzlicher Gewalt gerinnen macht
Das leichte, reine Blut. So tat es meinem,
Und Aussatz schuppte sich mir augenblicklich,
Wie einem Lazarus, mit ekler Rinde
Ganz um den glatten Leib.
So ward ich schlafend und durch Bruderhand,
Beschnellt um Leben, Krone und Gemahl,
In meiner Sünden Blüte hingerafft,
Ohne Nachtmahl, ungebeichtet, ohne Ölung;
Die Rechnung nicht geschlossen, ins Gericht
Mit aller Schuld auf meinem Haupt gesandt.
O schaudervoll! O schaudervoll! Höchst
schaudervoll!
Hast du Natur in dir, so leid es nicht;

Laß Dänemarks königliches Bett kein Lager
Für Blutschande und verruchte Wollust sein.
Doch, wie du immer diese Tat betreibst,
Befleck dein Herz nicht; dein Gemüt ersinne
Nichts gegen deine Mutter; überlaß sie
Dem Himmel und den Dornen, die im Busen
Ihr stechend wohnen. Lebe wohl mit eins!
Der Glühwurm zeigt, daß sich die Frühe naht,
Und sein unwirksames Feuer beginnt zu blassen.
Ade! Ade! Ade! Gedenke mein.

(Ab.)

HAMLET.

O, Herr des Himmels! Erde! – Was noch sonst?
Nenne ich die Hölle mit? O pfui! Halt, halt, mein
Herz!
Ihr meine Sehnen, altert nicht sogleich,
Tragt fest mich aufrecht! Dein gedenken? Ja,
Du armer Geist, solang Gedächtnis haust
In dem zerstörten Ball hier. Dein gedenken?
Ja, von der Tafel der Erinnerung will ich

Weglöschen alle törichten Geschichten,
Aus Büchern alle Sprüche, alle Bilder,
Die Spuren des Vergangenen, welche da
Die Jugend einschrieb und Beobachtung;
Und dein Gebot soll leben ganz allein
Im Buche meines Hirnes, unvermischt
Mit minder würdigen Dingen. – Ja, beim Himmel.
O höchst verderblich Weib!
O Schurke! Lächelnder, verdammter Schurke!
Schreibtafel her! Ich muß mir es niederschreiben,
Daß einer lächeln kann, und immer lächeln,
Und doch ein Schurke sein; zum wenigsten
Weiß ich gewiß, in Dänemark kann es so sein.
Da steht ihr, Oheim. Jetzt zu meiner Lösung!
Sie heißt: »Ade, ade! Gedenke mein.«
Ich hab es geschworen.

HORATIO.

(hinter der Szene).

Mein Prinz! Mein Prinz!

Marcellus.

(hinter der Szene).

Prinz Hamlet!

Horatio.

(hinter der Szene).

Gott beschütze ihn!

Hamlet.

So sei es!

Marcellus.

(hinter der Szene).

Heda! Ho! Mein Prinz!

Hamlet.

Ha! Heisa, Junge! Komm, Vögelchen, komm!

*(*Horatio *und* Marcellus *kommen.)*

Marcellus.

Wie steht es, mein gnädiger Herr?

Horatio.

Was gibt es, mein Prinz?

HAMLET.

O, wunderbar!

HORATIO.

Sagt, bester, gnädiger Herr!

HAMLET.

Nein, ihr verratet es.

HORATIO.

Ich nicht, beim Himmel, Prinz.

MARCELLUS.

Ich gleichfalls nicht.

HAMLET.

Was sagt ihr? Sollte es eine Menschenseele denken? – Doch ihr wollt schweigen? –

HORATIO. MARCELLUS.

Ja, beim Himmel, Prinz.

HAMLET.

Es lebt kein Schurke im ganzen Dänemark,

Der nicht ein ausgemachter Bube wäre.

HORATIO.

Es braucht kein Geist vom Grabe herzukommen,
um das zu sagen.

HAMLET.

Richtig; ihr habt recht! Und so, ohne alle weitere
Förmlichkeit, denke ich, wir schütteln uns die
Hände und Scheiden; ihr tut, was euch Beruf und
Neigung heißt –
Denn jeder Mensch hat Neigung und Beruf,
Wie sie denn sind – ich, für mein armes Teil,
Seht ihr, will beten gehen.

HORATIO.

Dies sind nur wirblichte und irre Worte, Herr.

HAMLET.

Es tut mir leid, daß sie euch ärgern, herzlich;
Ja, mein Treu, herzlich.

HORATIO.

Kein Ärgernis, mein Prinz.

HAMLET.

Doch, bei Sankt Patrick, gibt es eins, Horatio,
Groß Ärgernis. Was die Erscheinung angeht,
Ich sage euch, es ist ein ehrliches Gespenst.
Die Neugier, was es zwischen uns doch gibt,
Bemeistert, wie ihr könnt. Und nun, ihr Lieben,
Sofern ihr Freunde seid, Mitschüler, Krieger,
Gewährt ein kleines mir.

HORATIO.

Was ist es? Wir sind bereit.

HAMLET.

Macht nie bekannt, was ihr die Nacht gesehen.

HORATIO. MARCELLUS.

Wir wollen es nicht, mein Prinz.

HAMLET.

Gut, aber schwört.

HORATIO.

Auf Ehre, Prinz, ich nicht.

MARCELLUS.

Ich gleichfalls nicht, auf Ehre.

HAMLET.

Auf mein Schwert.

MARCELLUS.

Wir haben schon geschworen, gnädiger Herr.

HAMLET.

Im Ernste, auf mein Schwert, im Ernste.

GEIST.

(unter der Erde).

Schwört.

HAMLET.

Ha, ha, Bursch! Sagst du das? Bist du da,
Grundehrlich? Wohlan – ihr hört im Keller den
Gesellen – Bequemet euch zu schwören.

HORATIO.

Sagt den Eid.

HAMLET.

Niemals von dem, was ihr gesehen, zu sprechen,
Schwört auf mein Schwert.

GEIST.

(unter der Erde)

Schwört.

HAMLET.

Hic et ubique?
Wechseln wir die Stelle. –
Hierher, ihr Herren, kommt,
Und legt die Hände wieder auf mein Schwert;
Schwört auf mein Schwert
Niemals von dem, was ihr gehört, zu sprechen.

GEIST.

(unter der Erde)

Schwört auf sein Schwert.

HAMLET.

Brav, alter Maulwurf! Wühlst so hurtig fort?
O, trefflicher Minierer! – Nochmals weiter,
Freunde.

HORATIO.

Beim Sonnenlicht, dies ist erstaunlich fremd.

HAMLET.

So heiße als einen Fremden es willkommen.
Es gibt mehr Dinge im Himmel und auf Erden,
Als eure Schulweisheit sich träumt, Horatio.
Doch kommt!
Hier, wie vorhin, schwört mir, so Gott euch helfe,
Wie fremd und seltsam ich mich nehmen mag,
Da mir es vielleicht in Zukunft dienlich scheint,
Ein wunderliches Wesen anzulegen:
Ihr wollet nie, wenn ihr alsdann mich seht,
Die Arme so verschlingend, noch die Köpfe
So schüttelnd, noch durch zweifelhafte Reden,
Als: »Nun, nun, wir wissen« – oder: »Wir könnten,
Wenn wir wollten« –

Oder: »Ja, wenn wir reden möchten;«
Oder: »Es gibt ihrer, wenn sie nur dürften« –
Und solch verstohlenes Deuten mehr, verraten,
Daß ihr von mir was wisset: dieses schwört,
So Gott in Nöten und sein Heil euch helfe!

GEIST.

(unter der Erde)

Schwört.

HAMLET.

Ruh, ruh, verstörter Geist! – Nun, liebe Herrn,
Empfehle ich euch mit aller Liebe mich,
Und was ein armer Mann, wie Hamlet ist,
Vermag, euch Liebe und Freundschaft zu bezeugen,
So Gott will, soll nicht fehlen. Laßt uns gehen,
Und, bitte ich, stets die Finger auf den Mund.
Die Zeit ist aus den Fugen: Schmach und Gram,
Daß ich zur Welt, sie einzurichten, kam!
Nun kommt, laßt uns zusammen gehen.

(Alle ab.)

Zweiter Aufzug

Erste Szene

Ein Zimmer im Hause des Polonius.
*(*Polonius *und* Reinhold *treten auf.)*

Polonius.
Gib ihm dies Geld und die Papiere, Reinhold.

Reinhold.
Ja, gnädiger Herr.

Polonius.
Ihr werdet mächtig klug tun, guter Reinhold,
Euch zu erkundigen, ehe ihr ihn besucht,
Wie sein Betragen ist.

REINHOLD.

Das dachte ich auch zu tun.

POLONIUS.

Ei, gut gesagt! Recht gut gesagt! Seht ihr,
Erst fragt mir, was für Dänen in Paris sind,
Und wie, wer, auf was Art, und wo sie leben,
Mit wem, was sie verzehren; wenn ihr dann
Durch diesen Umschweif eurer Fragen merkt,
Sie kennen meinen Sohn, so kommt ihr näher.
Berührt alsdann es mit besonderen Fragen,
Tut gleichsam wie von fern bekannt;
zum Beispiel:
»Ich kenne seinen Vater, seine Freunde,
Und auch zum Teil ihn selbst.« –
Versteht ihr, Reinhold?

REINHOLD.

Vollkommen, gnädiger Herr.

POLONIUS.

»Zum Teil auch ihn; doch,« mögt ihr sagen,

»wenig, und wenn es der rechte ist, der ist gar wild,
Treibt dies und das« – dann gebt ihm nach Belieben
Erlogene Dinge schuld; nur nichts so Arges,
Das Schande ihm brächte; davor hütet euch.
Nein, solche wilde, ausgelassene Streiche,
Als hergebrachtermaßen die Gefährten
Der Jugend und der Freiheit sind.

REINHOLD.

Als spielen.

POLONIUS.

Ja, oder trinken, raufen, fluchen, zanken,
Huren, – soweit könnt ihr gehen.

REINHOLD.

Das würde ihm Schande bringen, gnädiger Herr.

POLONIUS.

Mein Treu nicht, wenn ihr es nur zu wenden wißt.
Ihr müßt ihn nicht in anderen Leumund bringen,

Als übermannte ihn Unenthaltsamkeit;
Das ist die Meinung nicht; bringt seine Fehler zierlich
Ans Licht, daß sie der Freiheit Flecken scheinen,
Der Ausbruch eines feurigen Gemüts
Und eine Wildheit ungezähmten Bluts,
Die jeden anficht.

REINHOLD.

Aber, bester Herr –

POLONIUS.

Weswegen ihr dies tun sollt?

REINHOLD.

Ja, das wünschte ich zu wissen, Herr.

POLONIUS.

Ei, nun, mein Plan ist der,
Und, wie ich denke, ist es ein Pfiff der anschlägt:
Werft ihr auf meinen Sohn so kleine Makeln,
Als wäre er in der Arbeit was beschmutzt –
Merkt wohl!

Wenn der Mitunterredner, den ihr aushorcht,
In vorbenannten Lastern jemals schuldig
Den jungen Mann gesehen, so seid gewiß,
Daß selbiger folgender Gestalt euch beitritt:
»Lieber Herr,« oder so; oder »Freund,« oder »mein Wertester,« wie nun die Redensart und die Betitlung
Bei Land und Leuten üblich ist.

REINHOLD.

Sehr wohl.

POLONIUS.

Und hierauf tut er dies: – Er tut – ja was wollte ich doch sagen? Beim Sakrament, ich habe was sagen wollen. Wo brach ich ab?

REINHOLD.

Bei »folgender Gestalt Euch beitritt«,
bei »Freund oder so« und bei »mein Wertester«.

POLONIUS.

Bei »folgender Gestalt Euch beitritt«. – Ja,

Er tritt euch also bei: »Ich kenne ihn wohl, den Herrn,
Ich sah ihn gestern oder neulich mal,
Oder wann es war, mit dem und dem; und wie ihr sagt,
Da spielte er hoch; da traf man ihn im Rausch,
Da raufte er sich beim Ballspiel; oder auch
Ich sah ihn gehen in solch ein sauberes Haus,«
(Will sagen: ein Bordell) und mehr dergleichen. –
Seht nur, euer Lügenköder fängt den Wahrheitskarpfen;
So wissen wir, gewitzigt, helles Volk,
Mit Krümmungen und mit versecktem Angriff
Durch einen Umweg auf den Weg zu kommen:
Und so könnt ihr, wie ich euch Anweisung
Und Rat erteile, meinen Sohn erforscht.
Ihr habt es gefaßt, nicht wahr?

Reinhold.

Ja, gnädiger Herr.

Polonius.

Nun, Gott mit euch! Lebt wohl!

Reinhold.

Mein bester Herr

Polonius.

Bemerkt mit eigenen Augen seinen Wandel.

Reinhold.

Das will ich tun.

Polonius.

Und daß er die Musik mir fleißig treibt.

Reinhold.

Gut, gnädiger Herr.

(Ab.)

(Ophelia *kommt.)*

Polonius.

Lebt wohl! – Wie nun, Ophelia, was gibt's?

OPHELIA.

O lieber Herr, ich bin so sehr erschreckt!

POLONIUS.

Wodurch, in Himmels Namen?

OPHELIA.

Als ich in meinem Zimmer nähte, auf einmal
Prinz Hamlet – mit ganz aufgerissenem Wams,
Kein Hut auf seinem Kopf, die Strümpfe schmutzig
Und losgebunden auf den Knöcheln hängend;
Bleich wie sein Hemde, schlotternd mit den Knien;
Mit einem Blick, von Jammer so erfüllt,
Als wäre er aus der Hölle losgelassen,
Um Greuel kund zu tun –
So tritt er vor mich.

POLONIUS.

Verrückt aus Liebe?

OPHELIA.

Herr, ich weiß es nicht,
Allein ich fürchte es wahrlich.

POLONIUS.

Und was sagt er?

OPHELIA.

Er griff mich bei der Hand
Und hielt mich fest,
Dann lehnte er sich zurück, so lang sein Arm;
Und mit der anderen Hand so überm Auge,
Betrachtete er so prüfend mein Gesicht,
Als wollte er es zeichnen. Lange stand er so;
Zuletzt ein wenig schüttelnd meine Hand,
Und dreimal hin und her den Kopf so wägend
Holte er solch einen bangen tiefen Seufzer,
Als sollte er seinen ganzen Bau zertrümmern,
Und endigen sein Dasein. Dies getan,
Läßt er mich gehen; und über seine Schultern
Den Kopf zurückgedreht, schien er den Weg
Zu finden ohne seine Augen; denn

Er ging zur Tür hinaus ohne ihre Hilfe,
Und wandte bis zuletzt ihr Licht auf mich.

POLONIUS.

Geht mit mir, kommt, ich will den König suchen.
Dies ist die wahre Schwärmerei der Liebe,
Die, ungestüm von Art, sich selbst zerstört,
Und leitet zu verzweifelten Entschlüssen
So oft als irgendeine Leidenschaft,
Die unterm Mond uns quält. Es tut mir leid –
Sagt, gabt ihr ihm seit kurzem harte Worte?

OPHELIA.

Nein, bester Herr, nur wie ihr mir befahlt,
Wies ich die Briefe ab, und weigerte ihm
Den Zutritt.

POLONIUS.

Das hat ihn verrückt gemacht.
Es tut mir leid, daß ich mit besserem Urteil
Ihn nicht beachtet. Ich sorgte, er tändle nur
Und wolle dich verderben: doch verdammt

mein Argwohn! Uns Alten ist es so eigen, wie es scheint,
Mit unserer Meinung übers Ziel zu gehen,
Als häufig bei dem jungen Volk der Mangel
An Vorsicht ist. Gehen wir zum König, komm.
Er muß dies wissen, denn es zu verstecken,
Brächte uns mehr Gram, als Haß, die Liebe entdecken.
Komm.

(Ab.)

Zweite Szene

Ein Zimmer im Schlosse.
(Der König, die Königin, Rosenkranz, Güldenstern und Gefolge.)

KÖNIG.

Willkommen, Rosenkranz und Güldenstern!
Wir wünschten nicht nur sehnlich, euch zu sehen,
Auch das Bedürfnis eurer Dienste trieb
Uns zu der eiligen Sendung an. Ihr hörtet
Von der Verwandlung Hamlets schon; so nenne ich es.
Weil noch der äußere, noch der innere Mensch
Dem gleicht, was er war. Was es nur ist,
Als seines Vaters Tod, das ihn so weit
Von dem Verständnis seiner selbst gebracht,
Kann ich nicht raten. Ich ersuche euch beide –
Da ihr von Kindheit auf mit ihm erzogen,
Und seiner Laune und Jugend nahe bliebt –
Ihr wollet hier an unserem Hof verweilen
Auf einige Zeit, um ihn durch euren Umgang

In Lustbarkeit zu ziehen und zu erspähen,
Soweit der Anlaß auf die Spur euch bringt,
Ob irgendwas, uns unbekannt, ihn drückt,
Das, offenbart, zu heilen wir vermöchten.

KÖNIGIN.

Ihr lieben Herrn, er hat euch oft genannt,
Ich weiß gewiß, es gibt nicht andere zwei,
An denen er so hängt. Wenn es euch beliebt,
Uns so viel guten Willen zu erweisen,
Daß ihr bei uns hier eine Weile zubringt,
Zu unserer Hoffnung Vorschub und Gewinn,
So wollen wir euch den Besuch belohnen,
Wie es sich ziemt für eines Königs Dank.

ROSENKRANZ.

Es stände Euren Majestäten zu,
Nach herrschaftlichen Rechten über uns
Mehr zu gebieten nach gestrengem Willen,
Als zu ersuchen.

GÜLENSTERN.

Wir gehorchen beide,
Und bieten uns hier an, nach besten Kräften,
Zu euren Füßen unseren Dienst zu legen,
Um frei damit zu schalten.

KÖNIG.

Dank, Rosenkranz und lieber Güldenstern!

KÖNIGIN.

Dank, Güldenstern und lieber Rosenkranz!
Besucht doch unverzüglich meinen Sohn,
Der nur zu sehr verwandelt. Gehe wer mit,
Und bring die Herren hin, wo Hamlet ist.

GÜLENSTERN.

Der Himmel mache ihm unsere Gegenwart
Und unser Tun gefällig und ersprießlich!

KÖNIGIN.

So sei es, Amen!

(Rosenkranz, Güldenstern und einige aus dem Gefolge ab.)
*(*Polonius *kommt.)*

Polonius.

Mein König, die Gesandten sind von Norwegen
froh wieder heimgekehrt.

König.

Du warst stets der Vater guter Zeitung.

Polonius.

Nicht wahr? Ja, seid versichert, bester Herr,
Ich halte meine Pflicht wie meine Seele,
Erst meinem Gott, dann meinem gnädigen König,
Und jetzt denke ich – oder dies Gehirn
Jagt auf der Klugheit Fährte nicht so sicher,
Als es wohl pflegte–, daß ich ausgefunden,
Was eigentlich an Hamlets Wahnwitz Schuld.

König.

O davon sprecht: das wünsche ich sehr zu hören.

POLONIUS.

Vernehmt erst die Gesandten; meine Zeitung
Soll bei dem großen Schmaus der Nachtisch sein.

KÖNIG.

Tut ihnen selber Ehre und führt sie vor.

(Polonius ab.)

Er sagt mir, liebe Gertrud, daß er jetzt
Den Quell vom Übel eures Sohns gefunden.

KÖNIGIN.

Ich fürchte, es ist nichts anderes als das eine,
Des Vaters Tod und unsere hastige Heirat.

KÖNIG.

Gut, wir erforschen ihn.

(Polonius kommt mit Voltimand und Cornelius zurück.)

Willkommen, liebe Freunde! Voltimand,
Sagt, was ihr bringt von unserem Bruder
Norwegen.

VOLTIMAND.

Erwiderung der schönsten Grüße und Wünsche.
Auf unser erstes sandte er aus und hemmte
Die Werbungen des Neffen, die er hielt
Für Zurüstungen gegen den Polacken;
Doch näher untersucht, fand er, sie gingen
Auf Eure Hoheit wirklich. Grob gekränkt,
Daß seine Krankheit, seines Alters Schwäche,
So hintergangen sei, legte er Verhaft
Auf Fortinbras, worauf sich dieser stellt,
Verweise empfängt von Norwegen, und zuletzt
Vor seinem Oheim schwört, nie mehr die Waffen
Zu führen gegen Eure Majestät.
Der alte Norwegen, hocherfreut hierüber,
Gibt ihm dreitausend Kronen Jahrgehalt
Und seine Vollmacht, gegen den Polacken
Die so geworbenen Truppen zu gebrauchen;
Nebst dem Gesuch, des weiteren hier erklärt,
Ihr wollt geruhen, für dieses Unternehmen
Durch euer Gebiet den Durchzug zu gestatten,
Mit solcherlei Gewähr und Einräumung,

Als abgefaßt hier steht.

König.

Es dünkt uns gut,
Wir wollen bei gelegener Zeit es lesen,
Antworten und bedenken dies Geschäft.
Zugleich habt Dank für wohlgenommene Mühe:
Geht auszuruhen, wir schmausen heut zusammen.
Willkommen mir zu Haus.

(Voltimand und Cornelius ab.)

Polonius.

So wäre dies Geschäft nun wohl vollbracht.
Mein Fürst, und gnädige Frau, hier zu erörtern,
Was Majestät ist, was Ergebenheit,
Warum Tag, Tag; Nacht, Nacht; die Zeit, die Zeit:
Das hieße, Nacht und Tag und Zeit verschwenden.
Weil Kürze dann des Witzes Seele ist,
Weitschweifigkeit der Leib und äußere Zierat,
Fasse ich mich kurz. Euer edler Sohn ist toll,

Toll nenne ich es: denn worin besteht die Tollheit,
Als daß man gar nichts anderes ist als toll?
Doch das mag sein.

KÖNIGIN.
Mehr Inhalt, weniger Kunst.

POLONIUS.
Auf Ehre, ich brauche nicht die mindeste Kunst.
Toll ist er, das ist wahr; wahr ist es, es ist schade;
Und schade, daß es wahr ist. Doch dies ist eine törichte Figur: sie fahre wohl,
Denn ich will ohne Kunst zu Werke gehen.
Toll nehmen wir ihn also; nun ist übrig,
Daß wir den Grund erspähen von dem Effekt,
Nein, richtiger, den Grund von dem Defekt;
Denn dieser Defektiveffekt hat Grund.
So steht es nun, und der Sache Stand ist dies.
Erwägt!
Ich hab eine Tochter; habe sie, weil sie mein;
Die mir aus schuldigem Gehorsam, sehet,

Dies hier gegeben; schließt und ratet nun.
»An die himmlische und den Abgott meiner Seele, die liebreizende Ophelia« –
Das ist eine schlechte Redensart, eine gemeine Redensart; liebreizend ist eine gemeine Redensart. Aber hört nur weiter: »An ihren trefflichen zarten Busen diese Zeilen« etc.

KÖNIGIN.

Hat Hamlet dies an sie geschickt?

POLONIUS.

Geduld nur, gnädige Frau, ich melde euch alles.
»Zweifle an der Sonne Klarheit,
Zweifle an der Sterne Licht,
Zweifel, ob lügen kann die Wahrheit,
Nur an meiner Liebe nicht.
O liebe Ophelia, es gelingt mir schlecht mit dem Silbenmaße; ich besitze die Kunst nicht, meine Seufzer zu messen, aber daß ich dich bestens liebe, o Allerbeste, das glaube mir. Leb wohl. Der Deinige auf ewig, teuerstes Fräulein, so lange

diese Maschine ihm zugehört, Hamlet.«
Dies hat mir meine Tochter schuldigermaßen
Gezeigt, und überdies sein dringend Werben,
Wie sich es nach Zeit und Weise und Ort begab,
Mir vor das Ohr gebracht.

König.

Allein wie nahm sie seine Liebe auf?

Polonius.

Was denkt ihr von mir?

König.

Daß ihr ein Mann von Treue und Ehre seid.

Polonius.

Gern möchte ich es zeigen. Doch was dächtet ihr,
hätte ich gesehen, wie diese heiße Liebe
Sich anspann – und ich merkte es, müßt ihr wissen,
Ehe meine Tochter mir es gesagt –, was dächtet
Ihr, oder meine teure Majestät,
Euer königliches Gemahl, hätte ich dabei

Brieftasche oder Schreibepult gespielt,
Hätte ich mein Herz geängstigt still und stumm,
Und müßig dieser Liebe zugeschaut?
Was dächtet ihr? Nein, ich ging rund heraus,
Und redete zu meinem jungen Fräulein:
»Prinz Hamlet ist ein Fürst; zu hoch für dich:
Dies darf nicht sein;« und dann schrieb ich ihr vor,
Daß sie vor seinem Umgang sich verschlösse,
Nicht Boten zuließe, Pfänder nicht empfinge.
Drauf machte sie sich meinen Rat zu Nutz,
Und er, verstoßen (um es kurz zu machen),
Fiel in eine Traurigkeit; dann in ein Fasten;
Drauf in ein Wachen; dann in eine Schwäche;
Dann in Zerstreuung; und durch solche Stufen
In die Verrücktheit, die ihn jetzt verwirrt
Und sämtlich uns betrübt.

KÖNIG.

Denkt ihr, dies sei es?

KÖNIGIN.

Es kann wohl sein, sehr möglich.

POLONIUS.

Habt ihr es schon je erlebt, das möchte ich wissen, daß ich mit Zuversicht gesagt: »So ist es,« Wenn es sich anders fand?

KÖNIG.

Nicht daß ich weiß.

POLONIUS.

(indem er auf seinen Kopf und Schultern zeigt).

Trennt dies von dem, wenn es anders sich verhält.

Wenn eine Spur mich leitet, will ich finden,

Wo Wahrheit steckt, und steckte sie auch recht

Im Mittelpunkt.

KÖNIG.

Wie läßt sich es näher prüfen?

Polonius.

Ihr wißt, er geht wohl Stunden auf und ab,
Hier in der Galerie.

Königin.

Das tut er wirklich.

Polonius.

Da will ich meine Tochter zu ihm lassen,
Steht ihr mit mir dann hinter einem Teppich,
Bemerkt den Hergang: wenn er sie nicht liebt
Und dadurch nicht um die Vernunft gekommen,
So laßt mich nicht mehr Staatsbeamten sein.
Laßt mich den Acker bauen und Pferde halten.

König.

Wir wollen sehen.

*(*Hamlet *kommt lesend.)*

Königin.

Seht, wie der Arme traurig kommt und liest.

Polonius.

Fort, ich ersuche euch, beide fort von hier!
Ich mache gleich mich an ihn. O erlaubt!

(König, Königin und Gefolge ab.)

Wie geht es meinem besten Prinzen Hamlet?

Hamlet.

Gut, dem Himmel sei Dank.

Polonius.

Kennt ihr mich, gnädiger Herr?

Hamlet.

Vollkommen. Ihr seid ein Fischhändler.

Polonius.

Das nicht, mein Prinz.

Hamlet.

So wollte ich, daß ihr ein so ehrlicher Mann wäret.

POLONIUS.

Ehrlich, mein Prinz?

HAMLET.

Ja, Herr, ehrlich sein heißt, wie es in dieser Welt hergeht, ein Auserwählter unter Zehntausenden sein.

POLONIUS.

Sehr wahr, mein Prinz.

HAMLET.

Denn wenn die Sonne Maden in einem toten Hunde ausbrütet: eine Gottheit, die Aas küßt – habt ihr eine Tochter?

POLONIUS.

Ja, mein Prinz.

HAMLET.

Laßt sie nicht in der Sonne gehen. Gaben sind ein Segen: aber da eure Tochter empfangen könnte – seht euch vor, Freund.

POLONIUS.

Wie meint ihr das?

(beiseite.)

Immer auf meine Tochter angespielt. Und doch kannte er mich zuerst nicht; er sagte, ich wäre ein Fischhändler. Es ist weit mit ihm gekommen, sehr weit! Und wahrlich, in meiner Jugend brachte mich die Liebe auch in große Drangsale, fast so schlimm wie ihn. Ich will ihn wieder anreden. – Was leset ihr, mein Prinz?

HAMLET.

Worte, Worte, Worte.

POLONIUS.

Aber wovon handelt es?

HAMLET.

Wer handelt?

POLONIUS.

Ich meine, was in dem Buche steht, mein Prinz.

HAMLET.

Verleumdungen, Herr; denn der satirische Schuft da sagt, daß alte Männer graue Bärte haben; daß ihre Gesichter runzlich sind; daß ihnen zäher Ambra und Harz aus den Augen trieft; daß sie einen überflüssigen Mangel an Witz und daneben sehr kraftlose Lenden haben. Ob ich nun gleich von allem diesem inniglich und festiglich überzeugt bin, so halte ich es doch nicht für billig, es so zu Papier zu bringen; denn ihr selbst, Herr, würdet so alt werden wie ich, wenn ihr wie ein Krebs rückwärts gehen könntet.

POLONIUS.

(beiseite.)

Ist dies schon Tollheit, hat es doch Methode. Wollt ihr nicht aus der Luft gehen, Prinz?

HAMLET.

In mein Grab?

POLONIUS.

Ja, das wäre wirklich aus der Luft.

(beiseite.)

Wie treffend manchmal seine Antworten sind! Dies ist ein Glück, das die Tollheit oft hat, womit es der Vernunft und dem gesunden Sinne nicht so gut gelingen könnte. Ich will ihn verlassen und sogleich darauf denken, eine Zusammenkunft zwischen ihm und meiner Tochter zu veranstalten. – Mein gnädigster Herr, ich will ehrerbietigst meinen Abschied von euch nehmen.

HAMLET.

Ihr könnt nichts von mir nehmen, Herr, das ich lieber fahren ließe – bis auf mein Leben, bis auf mein Leben.

POLONIUS.

Lebt wohl, mein Prinz.

HAMLET.

Die langweiligen alten Narren!

*(*ROSENKRANZ *und* GÜLDENSTERN *kommen.)*

POLONIUS.

Ihr sucht den Prinzen Hamlet auf; dort ist er.

ROSENKRANZ.

Gott grüße euch, Herr.

(Polonius ab.)

GÜLENSTERN.

Verehrter Prinz –

ROSENKRANZ.

Mein teurer Prinz –

HAMLET.

Meine trefflichen, guten Freunde! Was machst du, Güldenstern? Ah, Rosenkranz!
Gute Burschen, wie geht es euch?

ROSENKRANZ.

Wie mittelmäßigen Söhnen dieser Erde.

GÜLENSTERN.

Glücklich, weil wir nicht überglücklich sind, wir sind der Knopf nicht auf Fortunas Mütze.

HAMLET.

Noch die Sohlen ihrer Schuhe?

ROSENKRANZ.

Auch das nicht, gnädiger Herr.

HAMLET.

Ihr wohnt also in der Gegend ihres Gürtels, oder im Mittelpunkte ihrer Gunst?

GÜLENSTERN.

Ja wirklich, wir sind mit ihr vertraut.

HAMLET.

Im Schoße des Glücks? O sehr wahr! Sie ist eine Metze. Was gibt es Neues?

ROSENKRANZ.

Nichts, mein Prinz, außer daß die Welt ehrlich geworden ist.

HAMLET.

So steht der jüngste Tag bevor; aber eure Neuigkeit ist nicht wahr. Laßt mich euch näher befragen: worin habt ihr, meine guten Freunde, es bei Fortunen versehen, daß sie euch hierher ins Gefängnis schickt?

GÜLENSTERN.

Ins Gefängnis, mein Prinz?

HAMLET.

Dänemark ist ein Gefängnis.

ROSENKRANZ.

So ist die Welt auch eins.

HAMLET.

Ein stattliches, worin es viele Verschläge, Löcher und Kerker gibt. Dänemark ist einer der schlimmsten.

ROSENKRANZ.

Wir denken nicht so davon, mein Prinz.

HAMLET.

Nun, so ist es keiner für euch, denn an sich ist nichts weder gut noch böse, das Denken macht es erst dazu. Für mich ist es ein Gefängnis.

ROSENKRANZ.

Nun, so macht es euer Ehrgeiz dazu; es ist zu eng für euren Geist.

HAMLET.

O Gott, ich könnte in eine Nußschale eingesperrt sein, und mich für einen König von unermeßlichem Gebiete halten, wenn nur meine bösen Träume nicht wären.

GÜLENSTERN.

Diese Träume sind in der Tat Ehrgeiz; denn das eigentliche Wesen des Ehrgeizes ist nur der Schatten eines Traumes.

HAMLET.

Ein Traum ist selbst nur ein Schatten.

Rosenkranz.

Freilich, und mir scheint der Ehrgeiz von so lustiger und loser Beschaffenheit, daß er nur der Schatten eines Schattens ist.

Hamlet.

So sind also unsere Bettler Körper und unsere Monarchen und gespreizten Helden der Bettler Schatten. Sollen wir an den Hof? Denn meine Seele, ich weiß nicht zu räsonieren.

Beide.

Wir sind beide zu euren Diensten.

Hamlet.

Nichts dergleichen, ich will euch nicht zu meinen übrigen Dienern rechnen, denn, um wie ein ehrlicher Mann mit euch zu reden: mein Gefolge ist abscheulich. Aber um auf der ebenen Heerstraße der Freundschaft zu bleiben, was macht ihr in Helsingör?

ROSENKRANZ.

Wir wollten euch besuchen, nichts anderes.

HAMLET.

Ich Bettler, der ich bin, sogar an Dank bin ich arm. Aber ich danke euch, und gewiß, liebe Freunde, mein Dank ist um einen Heller zu teuer. Hat man nicht nach euch geschickt? Ist es eure eigene Neigung? Ein freiwilliger Besuch? Kommt, kommt, geht ehrlich mit mir um! Wohlan! Nun, sagt doch!

GÜLENSTERN.

Was sollen wir sagen, Gnädiger Herr?

HAMLET.

Was ihr wollt – außer das rechte. Man hat nach euch geschickt, und es liegt eine Art von Geständnis in euren Blicken, welche zu verstellen eure Bescheidenheit nicht schlau genug ist. Ich weiß, der gute König und die Königin haben nach euch geschickt.

ROSENKRANZ.

Zu was Ende, mein Prinz?

HAMLET.

Das muß ich von euch erfahren. Aber ich beschwöre euch bei den Rechten unserer Schulfreundschaft, bei der Eintracht unserer Jugend, bei der Verbindlichkeit unserer stets bewahrten Liebe, und bei allem noch Teurerem, was euch ein besserer Redner ans Herz legen könnte: geht grade heraus gegen mich, ob man nach euch geschickt hat oder nicht.

ROSENKRANZ.

(zu Güldenstern)

Was sagt ihr?

HAMLET.

So, nun habe ich euch schon weg.
Wenn ihr mich liebt, tretet nicht zurück.

GÜLENSTERN.

Gnädiger Herr, man hat nach uns geschickt.

HAMLET.

Ich will euch sagen, warum; so wird mein Erraten eurer Entdeckung zuvorkommen, und eure Verschwiegenheit gegen den König und die Königin braucht keinen Zollbreit zu wanken. Ich habe seit kurzem – ich weiß nicht wodurch – alle meine Munterkeit eingebüßt, meine gewohnten Übungen aufgegeben; und es steht in der Tat so übel um meine Gemütslage, daß die Erde, dieser treffliche Bau, mir nur ein kahles Vorgebirge scheint; seht ihr, dieser herrliche Baldachin, die Luft, dies wackere umwölbende Firmament, dies majestätische Dach mit goldenem Feuer ausgelegt: kommt es mir doch nicht anders vor, als ein fauler, verpesteter Haufe von Dünsten. Welch ein Meisterwerk ist der Mensch! Wie edel durch Vernunft! Wie unbegrenzt an Fähigkeiten! In Gestalt und Bewegung wie bedeutend und wunderwürdig! Im Handeln wie ähnlich einem Engel! Im Begreifen wie ähnlich einem Gott! Die Zierde der Welt! Das Vorbild der Lebendigen! Und doch, was ist mir diese Quintessenz von Staube? Ich habe keine Lust am Manne – und am Weibe auch nicht, wiewohl ihr das durch euer Lächeln zu sagen scheint.

ROSENKRANZ.

Mein Prinz, ich hatte nichts dergleichen im Sinne.

HAMLET.

Weswegen lachtet ihr denn, als ich sagte:
Ich habe keine Lust am Manne?

ROSENKRANZ.

Ich dachte, wenn dem so ist, welche Fastenbewirtung die Schauspieler bei euch finden werden. Wir holten sie unterwegs ein, sie kommen her, um euch ihre Künste anzubieten.

HAMLET.

Der den König spielt, soll willkommen sein, seine Majestät soll Tribut von mir empfangen; der kühne Ritter soll seine Klinge und seine Tartsche brauchen; der Liebhaber soll nicht unentgeltlich

seufzen; der Launige soll seine Rolle in Frieden endigen; der Narr soll den zu lachen machen, der ein kitzliges Zwerchfell hat;
und das Fräulein soll ihre Gesinnung frei heraussagen, oder die Verse sollen dafür hinken.
– Was für eine Gesellschaft ist es?

ROSENKRANZ.

Dieselbe, an der ihr so viel Vergnügen zu finden pflegtet, die Schauspieler aus der Stadt.

HAMLET.

Wie kommt es, daß sie umherstreifen? Ein fester Aufenthalt war vorteilhafter sowohl für ihren Ruf als ihre Einnahme.

ROSENKRANZ.

Ich glaube, diese Unterbrechung rührt von der kürzlich aufgekommenen Neuerung her.

HAMLET.

Genießen sie noch dieselbe Achtung wie damals, da ich in der Stadt war? Besucht man sie ebenso sehr?

ROSENKRANZ.

Nein, freilich nicht.

HAMLET.

Wie kommt das? Werden sie rostig?

ROSENKRANZ.

Nein, ihre Bemühungen halten den gewohnten Schritt; aber es hat sich da eine Brut von Kindern angefunden, kleine Nestlinge, die immer über das Gespräch hinausschreien, und höchst grausamlich dafür beklatscht werden. Diese sind jetzt Mode, und beschnattern die gemeinen Theater (so nennen sie es) dergestalt, daß viele, die Degen tragen, sich vor Gänsekielen fürchten, und kaum wagen hinzugehen.

HAMLET.

Wie, sind es Kinder? Wer unterhält sie? Wie werden sie besoldet? Wollen sie nicht länger bei der Kunst bleiben, als sie den Diskant singen können? Werden sie nicht nachher sagen, wenn sie zu gemeinen Schauspielern heranwachsen (wie sehr zu vermuten ist, wenn sie sich auf nichts Besseres stützen), daß ihre Komödienschreiber unrecht tun, sie gegen ihre eigene Zukunft deklamieren zu lassen?

ROSENKRANZ.

Wahrhaftig, es hat an beiden Seiten viel zu tun gegeben, und das Volk macht sich kein Gewissen daraus, sie zum Streit aufzuhetzen. Eine Zeitlang war kein Geld mit einem Stück zu gewinnen, wenn Dichter und Schauspieler sich nicht darin mit ihren Gegnern herumzausten.

HAMLET.

Ist es möglich?

GÜLENSTERN.

O, sie haben sich gewaltig die Köpfe zerschlagen.

HAMLET.

Tragen die Kinder den Sieg davon?

ROSENKRANZ.

Allerdings, gnädiger Herr, den Herkules und seine Last obendrein.

HAMLET.

Es ist nicht sehr zu verwundern: denn mein Oheim ist König von Dänemark, und eben die, welche ihm Gesichter zogen, so lange mein Vater lebte, geben zwanzig, vierzig, fünfzig, bis hundert Dukaten für sein Porträt in Miniatur. Wetter, es liegt hierin etwas Übernatürliches, wenn die Philosophie es nur ausfindig machen könnte.

(Trompetenstoß hinter der Szene.)

GÜLENSTERN.

Da sind die Schauspieler.

HAMLET.

Liebe Herren, ihr seid willkommen zu Helsingör. Gebt mir eure Hände. Wohlan! Manieren und Komplimente sind das Zubehör der Bewillkommnung. Laßt mich euch auf diese

Weise begrüßen, damit nicht mein Benehmen gegen die Schauspieler (das, sage ich euch, sich äußerlich gut ausnehmen muß) einem Empfang ähnlicher sehe, als der eurige. Ihr seid willkommen, aber mein Oheim-Vater und meine Tante-Mutter irren sich.

GÜLENSTERN.

Worin, mein teurer Prinz?

HAMLET.

Ich bin nur toll bei Nordnordwest; wenn der Wind südlich ist, kann ich einen Kirchturm von einem Leuchtenpfahl unterscheiden.

(Polonius kommt.)

POLONIUS.

Es gehe euch wohl, meine Herren.

HAMLET.

Hört, Güldenstern! – Und ihr auch – an jedem Ohr ein Hörer: Der große Säugling, den ihr da seht, ist noch nicht aus den Kinderwindeln.

ROSENKRANZ.

Vielleicht ist er zum zweiten Mal hineingekommen, denn man sagt, alte Leute werden wieder Kinder.

HAMLET.

Ich prophezeie, daß er kommt, um mir von den Schauspielern zu sagen. Gebt acht! – Ganz richtig, Herr, am Montag morgen, da war es eben.

POLONIUS.

Gnädiger Herr, ich habe euch Neuigkeiten zu melden.

HAMLET.

Gnädiger Herr, ich habe euch Neuigkeiten zu melden. – Als Roscius ein Schauspieler zu Rom war –

POLONIUS.

Die Schauspieler sind hergekommen, gnädiger Herr.

HAMLET.

Lirum, larum.

POLONIUS.

Auf meine Ehre –

HAMLET.

»Auf seinem Eselein jeder kam« –

POLONIUS.

Die besten Schauspieler in der Welt, sei es für Tragödie, Komödie, Historie, Pastorale, PastoralKomödie, HistorikoPastorale, TragikoHistorie, TragikoKomikoHistoriko-Pastorale, für unteilbare Handlung oder fortgehendes Gedicht. Seneka kann für sie nicht zu traurig, noch Plautus zu lustig sein. Für das Aufgeschriebene und für den Stegreif haben sie ihresgleichen nicht.

HAMLET.

»O Jephtha, Richter Israels« –
Welchen Schatz hattest du?

POLONIUS.

Welchen Schatz hatte er, gnädiger Herr?

HAMLET.

Nun:
»Hätte ein schön Töchterlein, nicht mehr,
Die liebte er aus der Maßen sehr.«

POLONIUS.

(beiseite.)

Immer meine Tochter.

HAMLET.

Habe ich nicht recht, alter Jephtha?

POLONIUS.

Wenn ihr mich Jephtha nennt,
Gnädiger Herr, so habe ich eine Tochter,
Die ich aus der Maßen sehr liebe.

HAMLET.

Nein, das folgt nicht.

Polonius.

Was folgt denn, gnädiger Herr?

Hamlet.

Ei, »Wie das Los fiel, nach Gottes Will',« Und dann wißt ihr: »Hierauf geschah es, wie zu vermuten was« – Aber ihr könnt das im ersten Abschnitt des Weihnachtsliedes weiter nachsehen; denn seht, da kommen die Abkürzer meines Gesprächs.

(Vier oder fünf Schauspieler kommen)

Seid willkommen, ihr Herren, willkommen alle! – Ich freue mich, dich wohl zu sehen. – Willkommen, meine guten Freunde! – Ach, alter Freund, wie ist dein Gesicht betroddelt, seit ich dich zuletzt sah! Du wirst doch hoffentlich nicht in den Bart murmeln? – Ei, meine schöne, junge Dame! Bei unserer Frauen, Fräulein, ihr seid dem Himmel um die Höhe eines Absatzes näher gerückt, seit ich euch zuletzt sah. Gebe Gott, daß eure Stimme nicht wie ein abgenutztes

Goldstück den hellen Klang verloren haben mag. – Willkommen alle, ihr Herrn! Wir wollen frisch daran, wie französische Falkeniere auf alles losfliegen, was uns vorkommt. Gleich etwas vorgestellt! Laßt uns eine Probe eurer Kunst sehen. Wohlan! Eine pathetische Rede.

ERSTER SCHAUSPIELER.
Welche Rede, mein wertester Prinz!

HAMLET.
Ich hörte dich einmal eine Rede vortragen – aber sie ist niemals aufgeführt, oder wenn es geschah, nicht mehr als einmal; denn ich erinnere mich, das Stück gefiel dem großen Haufen nicht, es war Kaviar für das Volk. Aber es war, wie ich es nahm, und andere, deren Urteil in solchen Dingen den Rang über dem meinigen behauptete, ein vortreffliches Stück: in seinen Szenen wohlgeordnet und mit eben so viel Bescheidenheit als Verstand abgefaßt. Ich erinnere mich, daß jemand sagte, es sei

kein Salz und Pfeffer in den Zeilen, um den Sinn zu würzen, und kein Sinn in dem Ausdruck, der an dem Verfasser Ziererei verraten könnte, sondern er nannte es eine schlichte Manier, so gesund als angenehm, und ungleich mehr schön als geschmückt. Eine Rede darin liebte ich vorzüglich: es war des Aeneas Erzählung an Dido; besonders da herum, wo er von der Ermordung Priams spricht. Wenn ihr sie im Gedächtnisse habt, so fangt bei dieser Zeile an. – Laßt sehen, laßt sehen –

»Der rauhe Pyrrhus, gleich Hyrkaniens Leuen –

nein, ich irre mich; aber es fängt mit Pyrrhus an.

Der rauhe Pyrrhus, er, dessen düstere Waffen,
Schwarz wie sein Vorsatz glichen jener Nacht,
Wo er sich barg im unglücksschwangeren Roß,
Hat jetzt die furchtbare Gestalt beschmiert
Mit grausamer Heraldik; rote Farbe
Ist er von Haupt zu Fuß; scheußlich geschmückt
Mit Blut der Väter, Mütter, Töchter, Söhne,
Gedörrt und klebend durch der Straßen Glut,

Die grausames, verfluchtes Licht verleihen

Zu ihres Herrn Mord. Heiß von Zorn und Feuer,
Bestrichen mit verdicktem Blut, mit Augen,
Karfunkeln gleichend, sucht der höllische
Pyrrhus
Altvater Priamus« – Fahrt nun so fort.

Polonius.
Bei Gott, mein Prinz, wohl vorgetragen:
mit gutem Ton und gutem Anstande.

Erster Schauspieler.
»Er findet alsbald ihn,
Wie er den Feind verfehlt: sein altes Schwert
Gehorcht nicht seinem Arm; liegt, wo es fällt,
Unachtsam des Befehls. Ungleich gepaart
Stürzt Pyrrhus auf den Priam, holt weit aus:
Doch bloß vom Sausen seines grimmen
Schwertes
Fällt der entnervte Vater. Ilium
Schien leblos, dennoch diesen Streich zu fühlen:

Es bückt sein Flammengipfel sich hinab,
Bis auf den Grund, und nimmt mit furchtbarem Krachen
Gefangen Pyrrhus Ohr: denn seht, sein Schwert,
Das schon sich senkt auf des ehrwürdigen Priam
Milchweißes Haupt, schien in der Luft gehemmt.
So stand er, ein gemalter Wüterich, da,
Und, wie parteilos zwischen Kraft und Willen,
Tat nichts. Doch wie wir oftmals sehen vor einem Sturm,
Ein Schweigen in den Himmeln, still die Wolken,
Die Winde sprachlos, und der Erdball drunten
Dumpf wie der Tod – mit eins zerreißt die Luft
Der grause Donner; so, nach Pyrrhus Säumnis
Treibt ihn erweckte Rache aufs neu zum Werk;
Und niemals trafen der Zyklopen Hammer
Die Rüstung Mars, gestählt für ewige Dauer,
Fühlloser als des Pyrrhus blutiges Schwert
Jetzt fällt auf Priamus. –
Pfui, Metze du, Fortuna! All ihr Götter
Im großen Rat, nehmt ihre Macht hinweg;

Brecht alle Speichen, Felgen ihres Rades,
Die runde Nabe rollt vom Himmelsberg
Hinunter bis zur Hölle.«

POLONIUS.

Das ist zu lang.

HAMLET.

Es soll mit eurem Barte zum Balbier. – Ich bitte dich, weiter! Er mag gern eine Posse oder eine Zotengeschichte, sonst schläft er. Sprich weiter, komm auf Hekuba.

ERSTER SCHAUSPIELER.

»Doch wer, o Jammer!

Die schlotterrichte Königin gesehen« –

HAMLET.

Die schlotterrichte Königin?

POLONIUS.

Das ist gut; schlotterrichte Königin ist gut.

Erster Schauspieler.

»Wie barfuß sie umherlief, und den Flammen mit
Tränengüssen drohte; einen Lappen
Auf diesem Haupte, wo das Diadem
Vor kurzem stand; und an Gewandes Statt
Um die von Wehen erschöpften magern Weichen
Ein Laken, in des Schreckens Hast ergriffen.
Wer das gesehen, mit giftigem Schelten hätte
Der an Fortunen Hochverrat verübt.
Doch wenn die Götter selbst sie da gesehen,
Als sie den Pyrrhus argen Hohn sah treiben,
Zerfetzend mit dem Schwert des Gatten Leib:
Der erste Ausbruch ihres Schreies hätte
(Ist ihnen Sterbliches nicht gänzlich fremd)
Des Himmels glühende Augen tauen gemacht,
Und Götter Mitleid fühlen.«

Polonius.

Seht doch,
Hat er nicht die Farbe verändert,
Und Tränen in den Augen. –

Bitte, halte inne!

HAMLET.

Es ist gut, du sollst mir das Übrige nächstens hersagen. – Lieber Herr, wollt ihr für die Bewirtung der Schauspieler sorgen? Hört ihr, laßt sie gut behandeln, denn sie sind der Spiegel und die abgekürzte Chronik des Zeitalters. Es wäre euch besser, nach dem Tode eine schlechte Grabschrift zu haben, als üble Nachrede von ihnen, solange ihr lebt.

POLONIUS.

Gnädiger Herr, ich will sie nach ihrem Verdienst behandeln.

HAMLET.

Potz Wetter, Mann, viel besser. Behandelt jeden Menschen nach seinem Verdienst, und wer ist vor Schlägen sicher? Behandelt sie nach eurer eigenen Ehre und Würdigkeit: je weniger sie verdienen, desto mehr Verdienst hat eure Güte.

Nehmt sie mit.

POLONIUS.

Kommt, ihr Herren.

HAMLET.

Folgt ihm, meine Freunde! Morgen soll ein Stück aufgeführt werden. – Höre, alter Freund, könnt ihr die Ermordung Gonzagos spielen?

ERSTER SCHAUSPIELER.

Ja, gnädiger Herr.

HAMLET.

Gebt uns das morgen Abend. Ihr könntet im Notfall eine Rede von ein Dutzend Zeilen auswendig lernen, die ich abfassen und einrücken möchte? Nicht wahr?

ERSTER SCHAUSPIELER.

Ja, gnädiger Herr.

HAMLET.

Sehr wohl. – Folgt dem Herrn, und daß ihr euch

nicht über ihn lustig macht.

(Polonius und die Schauspieler ab)

Meine guten Freunde, ich beurlaube mich
von euch bis abends: ihr seid willkommen zu
Helsingör.

ROSENKRANZ. UND GÜLENSTERN.

Sehr wohl, gnädiger Herr.

(Rosenkranz und Güldenstern ab.)

HAMLET.

Nun, Gott geleite euch. – Jetzt bin ich allein.
O, welch ein Schurke und niederer Sklave bin ich!
Ist es nicht erstaunlich, daß der Spieler hier
Bei einer bloßen Dichtung, einem Traum
Der Leidenschaft, vermochte seine Seele
Nach eigenen Vorstellungen so zu zwingen,
Daß sein Gesicht von ihrer Regung blaßte,
Sein Auge naß, Bestürzung in den Mienen,
Gebrochene Stimme, und seine ganze Haltung
Gefügt nach seinem Sinn. Und alles das um

nichts!
Um Hekuba!
Was ist ihm Hekuba, was ist er ihr,
Daß er um sie soll weinen? Hätte er
Das Merkwort und den Ruf zur Leidenschaft
Wie ich: was würde er tun. Die Bühne in Tränen
Ertränken, und das allgemeine Ohr
Mit grauser Rede erschüttern; bis zum Wahnwitz
Den Schuldigen treiben, und den Freien
schrecken.
Unwissende verwirren, ja betäuben
Die Fassungskraft des Auges und des Ohrs.
Und ich, ein blöder, schwachgemuter Schurke,
schleiche
Wie Hans der Träumer, meiner Sache fremd,
Und kann nichts sagen, nicht für einen König,
An dessen Eigentum und teurem Leben
Verdammter Raub geschah. Bin ich eine
Memme?
Wer nennt mich Schelm? Bricht mir den Kopf
entzwei?

Rauft mir den Bart und wirft ihn mir ins Antlitz?
Zwickt an der Nase mich? Und straft mich Lügen
Tief in den Hals hinein? Wer tut mir dies?
Ha! Nähme ich es eben doch. – Es ist nicht anders:
Ich hege Taubenmut, mir fehlt es an Galle,
Die bitter macht den Druck, sonst hätte ich längst
Des Himmels Geier gemästet mit dem Aas
Des Sklaven. Blutiger, kupplerischer Bube! –
Fühlloser, falscher, geiler, schnöder Bube! –
Ha, welch ein Esel bin ich! Trefflich brav,
Daß ich, der Sohn von einem teuren Vater,
Der mir ermordet ward, von Hölle und Himmel
Zur Rache angespornt, mit Worten nur,
Wie eine Hure, muß mein Herz entladen,
Und mich aufs Fluchen legen, wie ein Weibsbild,
Wie eine Küchenmagd!
Pfui drüber! Frisch ans Werk, mein Kopf! Hum, hum
Ich habe gehört, daß schuldige Geschöpfe,
Bei einem Schauspiel sitzend, durch die Kunst

Der Bühne so getroffen worden sind
Im innersten Gemüt, daß sie sogleich
Zu ihren Missetaten sich bekannt:
Denn Mord, hat er schon keine Zunge, spricht
Mit wundervollen Stimmen. Sie sollen was
Wie die Ermordung meines Vaters spielen
Vor meinem Oheim: ich will seine Blicke
Beachten, will ihn bis ins Leben prüfen:
Stutzt er, so weiß ich meinen Weg. Der Geist,
Den ich gesehen, kann ein Teufel sein;
Der Teufel hat Gewalt sich zu verkleiden
In lockende Gestalt; ja und vielleicht,
Bei meiner Schwachheit und Melancholie,
(Da er sehr mächtig ist bei solchen Geistern)
Täuscht er mich zum Verderben. Ich will Grund,
Der sicherer ist. Das Schauspiel sei die Schlinge,
In die den König sein Gewissen bringe.

(Ab.)

Dritter Aufzug

Erste Szene

Ein Zimmer in dem Schlosse.
(Der König, die Königin, Polonius, Ophelia, Rosenkranz und Gülenstern.)

KÖNIG.

Und lockt ihm keine Wendung des Gesprächs
Heraus, warum er die Verwirrung anlegt,
Die seiner Tage Ruh so wild zerreißt
Mit stürmischer, gefährlicher Verrücktheit?

ROSENKRANZ.

Er gibt es zu, er fühle sich verstört;
Allein wodurch, will er durchaus nicht sagen.

GÜLENSTERN.

Noch bot er sich der Prüfung willig dar,
Hielt sich vielmehr mit schlauem Wahnwitz fern,
Wenn wir ihn zum Geständnis bringen wollten
Von seinem wahren Zustand.

KÖNIGIN.

Und wie empfing er euch?

ROSENKRANZ.

Ganz wie ein Weltmann.

GÜLENSTERN.

Doch tat er seiner Fassung viel Gewalt.

ROSENKRANZ.

Mit Fragen karg, allein auf unsere Fragen
Freigebig mit der Antwort.

KÖNIGIN.

Ludet ihr zu irgendeinem Zeitvertreib ihn ein?

ROSENKRANZ.

Es traf sich grade, gnädige Frau, daß wir

Schauspieler unterwegs eingeholt.
Wir sagten ihm von diesen, und es schien,
Er hörte das mit einer Art von Freude.
Sie halten hier am Hof herum sich auf,
Und haben, wie ich glaube, schon Befehl,
Zu Nacht vor ihm zu spielen.

POLONIUS.

Ja, so ist es, und mich ersuchte er, Eure Majestäten zum Hören und zum Sehen des Dings zu laden.

KÖNIG.

Von ganzem Herzen, und es freut mich sehr,
Daß er sich dahin neigt. Ihr lieben Herrn,
schärft seine Lust noch ferner, und treibt ihn zu
Ergötzlichkeiten an.

ROSENKRANZ.

Wir wollen es, gnädiger Herr.

(Rosenkranz und Güldenstern ab.)

König.

Verlaß uns, liebe Gertrud, ebenfalls.
Wir haben Hamlet heimlich herbestellt,
Damit er hier Ophelia wie durch Zufall
Begegnen mag. Ihr Vater und ich selbst,
Wir wollen so uns stellen, daß wir sehend,
Doch ungesehen, von der Zusammenkunft
Gewiß urteilen und erraten können,
Ob es seiner Liebe Kummer ist, ob nicht,
Was so ihn quält.

Königin.

Ich werde euch gehorchen.
Was euch betrifft, Ophelia, wünsche ich nur,
Daß eure Schönheit der beglückte Grund
Von Hamlets Wildheit sei: dann darf ich hoffen,
Daß eure Tugenden zurück ihn bringen
Auf den gewohnten Weg, zu beider Ehre.

Ophelia.

Ich wünsche es, gnädige Frau.

(Königin ab.)

POLONIUS.

Geht hier umher, Ophelia. – Gnädigster,
Laßt Platz uns nehmen. –

(Zu Ophelia.)

Lest in diesem Buch, daß solcher Übung Schein
die Einsamkeit
Bemäntle. – Wir sind oft hierin zu tadeln –
Gar viel erlebt man es – mit der Andacht Mienen
Und frommen Wesen überzuckern wir
Den Teufel selbst.

KÖNIG.

(beiseite.)

O allzu wahr! Wie trifft
Dies Wort mit scharfer Geißel mein Gewissen!
Der Metze Wange, schön durch falsche Kunst,
Ist häßlicher bei dem nicht, was ihr hilft,
Als meine Tat bei meinem glattesten Wort.
O schwere Last!

POLONIUS.

Ich höre ihn kommen; ziehen wir uns zurück.

(König und Polonius ab. HAMLET *tritt auf.)*

HAMLET.

Sein oder Nichtsein, das ist hier die Frage:
Ob es edler im Gemüt, die Pfeile und Schleudern
Des wütenden Geschicks erdulden, oder
Sich waffnend gegen eine See von Plagen,
Durch Widerstand sie enden. Sterben – schlafen –
Nichts weiter! – Und zu wissen, daß ein Schlaf
Das Herzweh und die tausend Stöße enden,
Die unseres Fleisches Erbteil – es ist ein Ziel
Aufs innigste zu wünschen. Sterben – schlafen –
Schlafen! Vielleicht auch träumen! – Ja, da liegt es
Was in dem Schlaf für Träume kommen mögen,
Wenn wir den Drang des Irdischen abgeschüttelt,
Das zwingt uns still zu stehen. Das ist die Rücksicht,
Die Elend läßt zu hohen Jahren kommen.

Denn wer ertrüge der Zeiten Spott und Geißel,
Des Mächtigen Druck, des Stolzen
Mißhandlungen,
Verschmähter Liebe Pein, des Rechtes Aufschub,
Den Übermut der Ämter, und die Schmach,
Die Unwert schweigendem Verdienst erweist,
Wenn er sich selbst in Ruhestand setzen könnte
Mit einer Nadel bloß? Wer trüge Lasten,
Und stöhnte und schwitzte unter Lebensmühe?
Nur daß die Furcht vor etwas nach dem Tod –
Das unentdeckte Land, von dessen Bezirk
Kein Wanderer wiederkehrt – den Willen irrt,
Daß wir die Übel, die wir haben, lieber
Ertragen, als zu unbekannten fliehen.
So macht Gewissen Feige aus uns allen;
Der angeborenen Farbe der Entschließung
Wird des Gedankens Blässe angekränkelt;
Und Unternehmungen voll Mark und Nachdruck
Durch diese Rücksicht aus der Bahn gelenkt,
Verlieren so der Handlung Namen. – Still!
Die reizende OPHELIA. – Nymphe, schließ

In dein Gebet all meine Sünden ein.

OPHELIA.

Mein Prinz, wie geht es euch seit so viel Tagen?

HAMLET.

Ich danke euch untertänig; wohl.

OPHELIA.

Mein Prinz, ich hab von euch noch Angedenken,
die ich schon längst begehrt zurückzugeben.
Ich bitte euch, nehmt sie jetzt.

HAMLET.

Nein, ich nicht;
Ich gab euch niemals was.

OPHELIA.

Mein teurer Prinz, ihr wißt gar wohl, Ihr tatet es,
und Worte süßen Hauchs dabei, die reicher
Die Dinge machten. Da ihr Duft dahin,
Nehmt dies zurück: dem edleren Gemüte
Verarmt die Gabe mit des Gebers Güte.

Hier, gnädiger Herr.

HAMLET.

Ha, ha! Seid ihr tugendhaft?

OPHELIA.

Gnädiger Herr?

HAMLET.

Seid ihr schön?

OPHELIA.

Was meint Eure Hoheit?

HAMLET.

Daß, wenn ihr tugendhaft und schön seid, eure Tugend keinen Verkehr mit eurer Schönheit pflegen muß.

OPHELIA.

Könnte Schönheit wohl besseren Umgang haben als mit der Tugend?

HAMLET.

Ja freilich: denn die Macht der Schönheit wird eher die Tugend in eine Kupplerin verwandeln, als die Kraft der Tugend die Schönheit sich ähnlich machen kann. Dies war ehedem paradox, aber nun bestätigt es die Zeit. Ich liebte euch einst.

OPHELIA.

In der Tat, mein Prinz,
Ihr machtet mich es glauben.

HAMLET.

Ihr hättet mir nicht glauben sollen: denn Tugend kann sich unserem alten Stamm nicht so einimpfen, daß wir nicht einen Geschmack von ihm behalten sollten. Ich liebte euch nicht.

OPHELIA.

Um so mehr wurde ich betrogen.

HAMLET.

Geh in ein Kloster. Warum wolltest du Sünder

zur Welt bringen? Ich bin selbst leidlich tugendhaft; dennoch könnte ich mich solcher Dinge anklagen, daß es besser wäre, meine Mutter hätte mich nicht geboren. Ich bin sehr stolz, rachsüchtig, ehrgeizig; ich habe mehr Vergehungen auf dem Rücken, als ich Gedanken habe sie zu hegen, Einbildungskraft ihnen Gestalt zu geben, oder Zeit sie auszuführen. Wozu sollen solche Gesellen wie ich zwischen Himmel und Erde herumkriechen? Wir sind ausgemachte Schurken, alle: trau keinem von uns! Geh deines Wegs zum Kloster! Wo ist euer Vater?

OPHELIA.

Zu Hause, gnädiger Herr.

HAMLET.

Laßt die Tür hinter ihm abschließen, damit er den Narren nirgends anders spielt als in seinem eigenen Hause. Leb wohl.

OPHELIA.

O hilf ihm, gütiger Himmel!

HAMLET.

Wenn du heiratest, so gebe ich dir diesen Fluch zur Aussteuer: sei so keusch wie Eis, so rein wie Schnee, du wirst der Verleumdung nicht entgehen. Geh in ein Kloster! Leb wohl! Oder willst du durchaus heiraten, nimm einen Narren; denn gescheite Männer wissen allzugut, was ihr für Ungeheuer aus ihnen macht. In ein Kloster! Geh! Und das schleunigst. Leb wohl!

OPHELIA.

Himmlische Mächte, stellt ihn wieder her!

HAMLET.

Ich weiß auch von euren Malereien Bescheid, recht gut. Gott hat euch ein Gesicht gegeben, und ihr macht euch ein anderes; ihr schlendert, ihr trippelt, und ihr lispelt, und gebt Gottes Kreaturen verhunzte Namen, und stellt euch aus Leichtfertigkeit unwissend. Geht mir! Nichts weiter davon! Es hat mich toll gemacht. Ich sage, wir wollen nichts mehr von Heiraten wissen: wer schon verheiratet ist, alle außer einem, soll das Leben behalten; die übrigen sollen bleiben, wie sie sind. In ein Kloster! Geh!

(Hamlet ab.)

OPHELIA.

O, welch ein edler Geist ist hier zerstört!
Des Hofmanns Auge, des Gelehrten Zunge,
Des Kriegers Arm, des Staates Blume und
Hoffnung,
Der Sitte Spiegel und der Bildung Muster,
Das Merkziel der Betrachter: ganz, ganz hin!
Und ich, der Frauen elendeste und ärmste,
Die seiner Schwüre Honig sog, ich sehe
Die edle, hochgebietende Vernunft
Mißtönend wie verstimmte Glocken jetzt;
Dies hohe Bild, die Züge blühender Jugend,
Durch Schwärmerei zerrüttet: weh mir, wehe!

Daß ich sah, was ich sah, und sehe, was ich sehe.

(Der König und Polonius treten wieder vor.)

KÖNIG.

Aus Liebe? Nein, sein Hang geht dahin nicht,
Und was er sprach, obwohl ein wenig wüst,
War nicht wie Wahnsinn. Ihm ist was im Gemüt,
Worüber seine Schwermut brütend sitzt;
Und wie ich sorge, wird die Ausgeburt
Gefährlich sein. Um dem zuvorzukommen,
Habe ich es mit schleuniger Entschließung so
Mir abgefaßt. Er soll in Eil nach England,
Den Rückstand des Tributes einzufordern.
Vielleicht vertreibt die See, die neuen Länder,
Samt wandelbaren Gegenständen ihm
Dies Etwas, das in seinem Herzen steckt,
Worauf sein Kopf beständig hinarbeitend,
Ihn so sich selbst entzieht. Was dünket euch?

POLONIUS.

Es wird ihm wohl tun; aber dennoch glaube ich,
der Ursprung und Beginn von seinem Gram

Sei unerhörte Liebe. – Nun, Ophelia?
Ihr braucht uns nicht zu melden, was der Prinz
Gesagt; wir hörten alles. – Gnädiger Herr,
Tut nach Gefallen; aber dünkt es euch gut.
So laßt doch seine königliche Mutter
Ihn nach dem Schauspiel ganz allein ersuchen,
Sein Leid ihr kund zu tun! Sie gehe rund
Mit ihm heraus: ich will, wenn es euch beliebt,
Mich ins Gehör der Unterredung stellen.
Wenn sie es nicht herausbringt, schickt ihn dann
Nach England, oder schließt ihn irgendwo
Nach eurer Weisheit ein.

König.

Es soll geschehen; Wahnsinn bei Großen darf
nicht ohne Wache gehen.

(Alle ab.)

Zweite Szene

Ein Saal im Schlosse.
*(*HAMLET *und einige unkostümierte Schauspieler treten auf.)*

HAMLET.

Seid so gut und haltet die Rede, wie ich sie euch vorsagte, leicht von der Zunge weg; aber wenn ihr den Mund so voll nehmt, wie viele unserer Schauspieler, so möchte ich meine Verse ebenso gern von dem Ausrufer hören. Sägt auch nicht zu viel mit den Händen durch die Luft, so – sondern behandelt alles gelinde. Denn mitten in dem Strom, Sturm und, wie ich sagen mag, Wirbelwind eurer Leidenschaft müßt ihr euch eine Mäßigung zu eigen machen, die ihr Geschmeidigkeit gibt. O, es ärgert mich in der Seele, wenn solch ein handfester haarbuschiger Geselle eine Leidenschaft in Fetzen, in rechte Lumpen zerreißt, um den Gründlingen im Parterre in die Ohren zu donnern, die meistens von nichts wissen, als verworrenen stummen Pantomimen und Lärm. Ich möchte solch einen Kerl für sein Bramarbasieren prügeln lassen: es übertyrannt den Tyrannen. Ich bitte euch, vermeidet das.

ERSTER SCHAUSPIELER.

Eure Hoheit kann sich darauf verlassen.

HAMLET.

Seid auch nicht allzu zahm, sondern laßt euer eigenes Urteil euren Meister sein: paßt die Gebärde dem Wort, das Wort der Gebärde an; wobei ihr sonderlich darauf achten müßt, niemals die Bescheidenheit der Natur zu überschreiten. Denn alles, was so übertrieben wird, ist dem Vorhaben des Schauspiels entgegen, dessen Zweck sowohl anfangs als jetzt war und ist, der Natur gleichsam den Spiegel vorzuhalten; der Tugend ihre eigenen Züge, der Schmach ihr eigenes Bild, und dem Jahrhundert und Körper der Zeit den Abdruck seiner Gestalt zu zeigen. Wird dies nun übertrieben oder schwach vorgestellt, so kann es zwar den Unwissenden zum Lachen bringen, aber den Einsichtsvollen muß es verdrießen; und der Tadel von einem solchen muß in eurer Schätzung ein ganzes Schauspielhaus voll von anderen überwiegen. O, es gibt Schauspieler, die ich habe spielen sehen und von anderen preisen hören, und das höchlich, die, gelinde zu sprechen, weder den Ton noch den Gang von Christen, Heiden oder Menschen hatten, und so stolzierten und blökten, daß ich glaubte, irgendein Handlanger der Natur hätte Menschen gemacht, und sie wären ihm nicht geraten; so abscheulich ahmten sie die Menschheit nach.

ERSTER SCHAUSPIELER.

Ich hoffe, wir haben das bei uns so ziemlich abgestellt.

HAMLET.

O, stellt es ganz und gar ab! Und die bei euch die

Narren spielen, laßt sie nicht mehr sagen, als in ihrer Rolle steht: denn es gibt ihrer, die selbst lachen, um einen Haufen alberne Zuschauer zum Lachen zu bringen, wenn auch zu derselben Zeit irgendein notwendiger Punkt des Stückes zu erwägen ist. Das ist schändlich und beweist einen jämmerlichen Ehrgeiz an dem Narren, der es tut. Geht, macht euch fertig.

(Schauspieler ab.)

*(*Polonius, Rosenkranz *und* Güldenstern *kommen.)*

Nun, Herr, will der König dies Stück Arbeit anhören?

Polonius.

Ja, die Königin auch, und das sogleich.

Hamlet.

Heißt die Schauspieler sich eilen.

(Polonius ab.)

Wollt ihr beide sie treiben helfen?

ROSENKRANZ und GÜLENSTERN.

Ja, gnädiger Herr.

(Beide ab.)

HAMLET.

He! Horatio!

*(*HORATIO *kommt.)*

HORATIO.

Hier, lieber Prinz, zu eurem Dienst.

HAMLET.

Du bist grad ein so wackerer Mann, Horatio,
Als je mein Umgang einem mich verbrüdert.

HORATIO.

Mein bester Prinz –

HAMLET.

Nein, glaub nicht, daß ich schmeichle.
Was für Beförderung hoffte ich wohl von dir,
Der keine Rente als seinen munteren Geist
Um sich zu nähren und zu kleiden hat?

Weswegen doch dem Armen schmeicheln? Nein,
Die Honigzunge lecke dumme Pracht,
Es beuge sich des Knies gelenke Angel,
Wo Kriecherei Gewinn bringt. Hör mich an.
Seit meine teure Seele Herrin war
Von ihrer Wahl, und Menschen unterschied,
Hat sie dich auserkoren. Denn du warst,
Als littest du nichts, indem du alles littest;
Ein Mann, der Stöße und Gaben vom Geschick
Mit gleichem Dank genommen: und gesegnet,
Wessen Blut und Urteil sich so gut vermischt,
Daß er zur Pfeife nicht Fortunen dient,
Den Ton zu spielen, den ihr Finger greift.
Gebt mir den Mann, den seine Leidenschaft
Nicht macht zum Sklaven, und ich will ihn hegen
Im Herzensgrund, ja in des Herzens Herzen,
Wie ich dich hege. – Schon zu viel hiervon.
Es gibt zu Nacht ein Schauspiel vor dem König;
Ein Auftritt kommt darin dem Umstand nah,
Den ich von meines Vaters Tod dir sagte.
Ich bitte dich, wenn du das im Gange siehst,

So achte mit der ganzen Kraft der Seele
Auf meinen Oheim: wenn die verborgene Schuld
Bei einer Rede nicht zum Vorschein kommt,
So ist es ein höllischer Geist, den wir gesehen,
Und meine Einbildungen sind so schwarz
Wie Schmiedezeug Vulkans. Bemerk ihn recht,
Ich will an sein Gesicht mein Auge klammern,
Und wir vereinen unser Urteil dann
Zur Prüfung seines Aussehens.

HORATIO.

Gut, mein Prinz; wenn er was stiehlt, indes das Spiel gespielt wird, und schlüpfet durch, so zahle ich für den Diebstahl.

HAMLET.

Man kommt zum Schauspiel, ich muß müßig sein. Wählt einen Platz.

(Ein dänischer Marsch. Trompetenstoß.)

(Der König, die Königin, Polonius, Ophelia, Rosenkranz, Güldenstern und andere.)

KÖNIG.

Wie lebt unser Vetter Hamlet?

HAMLET.

Vortrefflich, mein Treu: von dem Chamäleonsgericht. Ich esse Luft, ich werde mit Versprechungen gestopft: so kann man Kapaunen nicht besser mästen.

KÖNIG.

Ich habe nichts mit dieser Antwort zu schaffen, Hamlet; dies sind meine Worte nicht.

HAMLET.

Meine auch nicht mehr.

(Zu Polonius.)

Ihr spieltet einmal auf der Universität, Herr? Sagtet ihr nicht so?

POLONIUS.

Das tat ich, gnädiger Herr, und wurde für einen guten Schauspieler gehalten.

HAMLET.

Und was stelltet ihr vor?

POLONIUS.

Ich stellte den Julius Cäsar vor: ich ward auf dem Kapitol umgebracht; Brutus brachte mich um.

HAMLET.

Es war brutal von ihm, ein so kapitales Kalb umzubringen. – Sind die Schauspieler fertig?

ROSENKRANZ.

Ja, gnädiger Herr, sie erwarten euren Befehl.

KÖNIGIN.

Komm hierher, lieber Hamlet, setz dich zu mir.

HAMLET.

Nein, gute Mutter, hier ist ein stärkerer Magnet.

POLONIUS.

(zum Könige.)

Oho, hört ihr das wohl?

HAMLET.

Fräulein, soll ich in eurem Schoße liegen?

(Setzt sich zu OPHELIAS *Füßen.)*

OPHELIA.

Nein, mein Prinz.

HAMLET.

Ich meine den Kopf auf euren Schoß gelehnt.

OPHELIA.

Ja, mein Prinz.

HAMLET.

Denkt ihr, ich hätte erbauliche Dinge im Sinne?

OPHELIA.

Ich denke nichts.

HAMLET.

Ein schöner Gedanke, zwischen den Beinen eines Mädchens zu liegen.

OPHELIA.

Was ist, mein Prinz?

HAMLET.

Nichts.

OPHELIA.

Ihr seid aufgeräumt.

HAMLET.

Wer? Ich?

OPHELIA.

Ja, mein Prinz.

HAMLET.

O, ich reiße Possen wie kein anderer. Was kann ein Mensch Besseres tun, als lustig sein? Denn sehet nur, wie fröhlich meine Mutter aussieht, und doch starb mein Vater vor noch nicht zwei Stunden.

OPHELIA.

Nein, vor zweimal zwei Monaten, mein Prinz.

HAMLET.

So lange schon? Ei, so mag der Teufel schwarz gehen: ich will einen Zobelpelz tragen. O Himmel! Vor zwei Monaten gestorben und noch nicht vergessen! So ist Hoffnung da, daß das Andenken eines großen Mannes sein Leben ein halbes Jahr überleben kann. Aber, bei unseren lieben Frauen! Kirchen muß er stiften, sonst denkt man nicht an ihn, es geht ihm wie dem Steckenpferde, dessen Grabschrift ist:
»Denn o! Denn o!
Vergessen ist das Steckenpferd.«

(Trompeten, hierauf die Pantomime.) –

(Ein König und eine Königin treten auf, sehr zärtlich: die Königin umarmt ihn, und er sie. Sie kniet und macht gegen ihn die Gebärden der Beteuerung. Er hebt sie auf, und lehnt den Kopf an ihre Brust; er legt sich auf ein Blumenbett nieder, sie verläßt ihn, da sie ihn eingeschlafen sieht. Gleich darauf kommt ein Kerl herein, nimmt ihm die Krone ab küßt sie, gießt Gift in die Ohren des Königs

und geht ab. Die Königin kommt zurück, findet den König tot, und macht leidenschaftliche Gebärden. Der Vergifter kommt mit zwei oder drei Stummen zurück, und scheint mit ihr zu wehklagen. Die Leiche wird weggebracht. Der Vergifter wirbt mit Geschenken um die Königin; sie scheint anfangs unwillig und abgeneigt, nimmt aber zuletzt seine Liebe an. Sie gehen ab.)

OPHELIA.

Was bedeutet dies, mein Prinz?

HAMLET.

Ei, es ist spitzbübische Munkelei; es bedeutet Unheil.

OPHELIA.

Vielleicht, daß diese Vorstellung den Inhalt des Stücks anzeigt.

(Der PROLOG *tritt auf.)*

HAMLET.

Wir werden es von diesem Gesellen erfahren: Die Schauspieler können nichts geheimhalten, sie werden alles ausplaudern.

OPHELIA.

Wird er uns sagen, was diese Vorstellung bedeutet?

HAMLET.

Ja, oder irgendeine Vorstellung, die ihr ihm vorstellen wollt. Schämt euch nur nicht, ihm vorzustellen, so wird er sich nicht schämen, euch zu sagen, was es bedeutet.

OPHELIA.

Ihr seid schlimm, ihr seid schlimm; ich will das Stück anhören.

PROLOG.

Für uns und unsere Vorstellung
Mit untertäniger Huldigung
Ersuchen wir Genehmigung.

HAMLET.

Ist dies ein Prolog oder ein Denkspruch auf einem Ringe?

OPHELIA.

Es ist kurz, mein Prinz.

HAMLET.

Wie Frauenliebe.

(Ein König und eine Königin treten auf.)

KÖNIG.
(im Schauspiel.)

Schon dreißigmal hat den Apoll sein Wagen um
Nereus Flut und Tellus Rund getragen,
Und zwölfmal dreißig Monde in fremdem Glanz
Vollbrachten um den Erdball ihren Tanz,
Seit unsere Herzen Liebe treu durchdrungen,
Und Hymens Bande Hand in Hand geschlungen.

KÖNIGIN.
(im Schauspiel.)

Mag Sonne und Mond so manche Reise doch, ehe
Liebe stirbt, uns zählen lassen noch. Doch leider
seid ihr jetzt so matt von Herzen,
So fern von voriger Munterkeit und Scherzen,

Daß ihr mich ängstet: aber zage ich gleich,
Doch, mein Gemahl, nicht ängsten darf es euch.
Denn Weiberfurcht hält Schritt mit ihrem Lieben
In beiden gar nichts, oder übertrieben.
Wie meine Liebe ist, habe ich euch gezeigt:
Ihr seht, daß meine Furcht der Liebe gleicht.
Das Kleinste schon muß große Liebe erschrecken,
Und ihre Größe in kleiner Sorge entdecken.

KÖNIG.

(im Schauspiel.)

Ja, Liebe, ich muß dich lassen, und das bald:
mich drückt des Alters schwächende Gewalt. Du
wirst in dieser schönen Welt noch leben,
Geehrt, geliebt; vielleicht wird, gleich ergeben,
Ein zweiter Gatte –

KÖNIGIN.

(im Schauspiel.)

O, halt ein! Halt ein!
Verrat nur könnte solche Liebe sein.

Beim zweiten Gatten würde ich selbst mir
fluchen;
Die einen totschlug, mag den zweiten suchen.

HAMLET.

Das ist Wermut.

KÖNIGIN.

(im Schauspiel.)

Das, was die Bande zweiter Ehe flicht, ist schnöde
Sucht nach Vorteil, Liebe nicht.
Es tötet noch einmal den toten Gatten,
Dem zweiten die Umarmung zu gestatten.

KÖNIG.

(im Schauspiel.)

Ich glaube, ihr denket jetzt was ihr gesprochen,
doch ein Entschluß wird oft von uns gebrochen.
Der Vorsatz ist ja der Erinnerung Knecht,

Stark von Geburt, doch bald durch Zeit
geschwächt.
Wie herbe Früchte fest am Baume hangen,

Doch leicht sich lösen, wenn sie Reife erlangen.
Notwendig ist es, daß jeder leicht vergißt
Zu zahlen, was er selbst sich schuldig ist.
Wo Leidenschaft den Vorsatz hingewendet
Entgeht das Ziel uns, wann sie selber endet.
Der Ungestüm sowohl von Freude als Leid
Zerstört mit sich die eigene Wirksamkeit.
Laut klagt das Leid, wo laut die Freude schwärmt,
Leid freut sich leicht, wenn Freude leicht sich härmt.
Die Welt vergeht: es ist nicht wunderbar,
Daß mit dem Glück selbst Liebe wandelbar.
Denn eine Frage ist es, die zu lösen bliebe,
Ob Liebe das Glück führt, oder Glück die Liebe.
Der Große stürzt: seht seinen Günstling fliehen.
Der Arme steigt und Feinde lieben ihn.
Soweit scheint Liebe nach dem Glück zu wählen:
Wer ihn nicht braucht, dem wird ein Freund nicht fehlen,
Und wer in Not versucht den falschen Freund,

Verwandelt ihn sogleich in einen Feind.
Doch, um zu enden, wo ich ausgegangen,
Wille und Geschick sind stets in Streit befangen.
Was wir ersinnen ist des Zufalls Spiel,
Nur der Gedanke ist unser, nicht sein Ziel.
So denk, dich soll kein zweiter Gatte erwerben,
Doch mag dies Denken mit dem ersten sterben.

KÖNIGIN.
(im Schauspiel.)

Versag mir Nahrung, Erde! Himmel, Licht!
Gönnt, Tag und Nacht, mir Luft und Ruhe nicht!
Verzweiflung werde aus meinem Trost und Hoffen,
Nur Klausnerbuße im Kerker steh mir offen!
Mag alles, was der Freude Antlitz trübt,
Zerstören, was mein Wunsch am meisten liebt,
Und hier und dort verfolge mich Beschwerde,
Wenn, einmal Witwe, jemals Weib ich werde!

HAMLET.
(zu Ophelia.)

Wenn sie es nun brechen sollte –

König.

(im Schauspiel.)

Es ist fest geschworen. Laß mich, Liebe, nun! Ich werde müde, und möchte ein wenig ruhen, die Zeit zu täuschen.

Königin.

(im Schauspiel.)

Wiege dich der Schlummer,
Und nimmer komme zwischen uns ein Kummer!

(Ab.)

Hamlet.

Gnädige Frau, wie gefällt euch das Stück?

Königin.

Die Dame, wie mich dünkt, gelobt zu viel.

Hamlet.

O, aber sie wird ihr Wort halten!

KÖNIG.

Habt ihr den Inhalt gehört? Wird es kein Ärgernis geben?

HAMLET.

Nein, nein; sie spaßen nur, vergiften im Spaß, kein Ärgernis in der Welt.

KÖNIG.

Wie nennt ihr das Stück?

HAMLET.

Die Mausefalle. Und wie das? Metaphorisch. Das Stück ist die Vorstellung eines in Vienna geschehenen Mordes. Gonzago ist der Name des Herzogs, seine Gemahlin Baptista; ihr werdet gleich sehen, es ist ein spitzbübischer Handel. Aber was tut es? Eure Majestät und uns, die wir ein freies Gewissen haben, trifft es nicht. Der Aussätzige mag sich jucken, unsere Haut ist gesund.

*(*LUCIANUS *tritt auf.)*

Dies ist ein gewisser Lucianus, ein Neffe des Königs.

OPHELIA.

Ihr übernehmt das Amt eines Chorus, gnädiger Herr.

HAMLET.

O, ich wollte zwischen euch und eurem Liebsten Dolmetscher sein, wenn ich die Marionetten nur tanzen sehe.

OPHELIA.

Ihr seid spitz, gnädiger Herr, ihr seid spitz.

HAMLET.

Ihr würdet zu stöhnen haben, ehe ihr meine Spitze abstumpftet.

OPHELIA.

Immer noch besser und schlimmer.

HAMLET.

So müßt ihr eure Männer nehmen. – Fang an,

Mörder! Laß deine vermaledeiten Gesichter, und fang an! Wohlauf:
Es brüllt um Rache das Gekrächze des Raben –

LUCIANUS.

Gedanken schwarz, Gift wirksam, Hände fertig,
gelegene Zeit, kein Wesen gegenwärtig.
Du schnöder Trank aus mitternächtigem Kraut,
Dreimal vom Fluche Hekates betaut!
Daß sich dein Zauber, deine grause Schärfe
Sogleich auf dies gesunde Leben werfe!

(Gießt das Gift in das Ohr des Schlafenden.)

HAMLET.

Er vergiftet ihn im Garten um sein Reich. Sein Name ist Gonzago: die Geschichte ist vorhanden, und in auserlesenem Italienisch geschrieben. Ihr werdet gleich sehen, wie der Mörder die Liebe von Gonzagos Gemahlin gewinnt.

OPHELIA.

Der König steht auf.

HAMLET.

Wie?

Durch falschen Feuerlärm geschreckt?

KÖNIGIN.

Wie geht es meinem Gemahl?

POLONIUS.

Macht dem Schauspiel ein Ende.

KÖNIG.

Leuchtet mir! Fort!

POLONIUS.

Licht! Licht! Licht!

(Alle ab, außer Hamlet und Horatio)

HAMLET.

Ei, der Gesunde hüpft und lacht,
Dem Wunden ist es vergällt;
Der eine schläft, der andere wacht,
Das ist der Lauf der Welt.
Sollte nicht dies und ein Wald von Federbüschen

– wenn meine sonstige Anwartschaft in die Pilze geht – nebst ein paar gepufften Rosen auf meinen erhöhten Schuhen mir zu einem Platz in einer Schauspielergesellschaft verhelfen?

HORATIO.

O ja, einen halben Anteil an der Einnahme.

HAMLET.

Nein, einen ganzen.
Denn dir, mein Damon, ist bekannt,
Dem Reiche ging zu Grund
Ein Jupiter: nun herrscht hier
Ein rechter, rechter – Affe.

HORATIO.

Ihr hättet reimen können.

HAMLET.

O, lieber Horatio, ich wette Tausende auf das Wort des Geistes. Merktest du?

HORATIO.

Sehr gut, mein Prinz.

HAMLET.

Bei der Rede vom Vergiften?

HORATIO.

Ich habe ihn genau betrachtet.

HAMLET.

Ha, ha! – Kommt, Musik! Kommt, die Flöten! –
Denn wenn der König von dem Stück nichts hält,
Ei nun! Vielleicht – daß es ihm nicht gefällt.

(Rosenkranz und Güldenstern kommen.)

Kommt, Musik!

GÜLENSTERN.

Bester gnädiger Herr, vergönnt mir ein Wort mit euch.

HAMLET.

Eine ganze Geschichte, Herr.

GÜLENSTERN.

Der König –

HAMLET.

Nun, was gibt es mit ihm?

GÜLENSTERN.

Er hat sich auf sein Zimmer begeben, und ist sehr übel.

HAMLET.

Vom Trinken, Herr?

GÜLENSTERN.

Nein, von Galle.

HAMLET.

Ihr solltet doch mehr gesunden Verstand beweisen und dies dem Arzte melden, denn wenn ich ihm eine Reinigung zumutete, das würde ihm vielleicht noch mehr Galle machen.

GÜLENSTERN.

Bester Herr, bringt einige Ordnung in eure Reden,

und springt nicht so wild von meinem Auftrage ab.

Hamlet.

Ich bin zahm, Herr, sprecht!

Gülenstern.

Die Königin, eure Mutter, hat mich in der tiefsten Bekümmernis ihres Herzens zu euch geschickt.

Hamlet.

Ihr seid willkommen.

Gülenstern.

Nein, bester Herr, diese Höflichkeit ist nicht von der rechten Art. Beliebt es euch, mir eine gesunde Antwort zu geben, so will ich den Befehl eurer Mutter ausrichten; wo nicht, so verzeiht, ich gehe wieder und damit ist mein Geschäft zu Ende.

Hamlet.

Herr, ich kann nicht.

GÜLENSTERN.

Was, gnädiger Herr?

HAMLET.

Euch eine gesunde Antwort geben. Mein Verstand ist krank. Aber, Herr, solche Antwort als ich geben kann, ist zu eurem Befehl; oder vielmehr, wie ihr sagt, zu meiner Mutter Befehl; drum nichts weiter, sondern zur Sache. Meine Mutter, sagt ihr –

ROSENKRANZ.

Sie sagt also folgendes: euer Betragen hat sie in Staunen und Verwunderung gesetzt.

HAMLET.

O wundervoller Sohn, über den seine Mutter so erstaunen kann! Kommt kein Nachsatz, der dieser mütterlichen Bewunderung auf dem Fuße folgt? Laßt hören.

ROSENKRANZ.

Sie wünscht mit euch in ihrem Zimmer zu reden,

ehe ihr zu Bette geht.

HAMLET.

Wir wollen gehorchen, und wäre sie zehnmal unsere Mutter. Habt ihr noch sonstwas mit mir zu schaffen?

ROSENKRANZ.

Gnädiger Herr, ihr liebtet mich einst –

HAMLET.

Das tue ich noch, bei diesen beiden Diebeszangen hier!

ROSENKRANZ.

Bester Herr, was ist die Ursache eures Übels? Gewiß, ihr tretet eurer eigenen Freiheit in den Weg, wenn ihr eurem Freunde euren Kummer verheimlicht.

HAMLET.

Herr, es fehlt mir an Beförderung.

ROSENKRANZ.

Wie kann das sein, da ihr die Stimme des Königs selbst zur Nachfolge im dänischen Reiche habt?

HAMLET.

Ja, Herr, aber »derweil das Gras wächst« – das Sprichwort ist ein wenig rostig.

(Schauspieler kommen mit Flöten.)

O, die Flöten! Laßt mich eine sehen. – Um euch insbesondere zu sprechen:

(Nimmt Güldenstern beiseite.)

Weswegen geht ihr um mich herum, um meine Witterung zu bekommen, als wolltet ihr mich in ein Netz treiben?

GÜLENSTERN.

O gnädiger Herr, wenn meine Ergebenheit allzu kühn ist, so ist meine Liebe ungesittet.

HAMLET.

Das verstehe ich nicht recht. Wollt ihr auf dieser

Flöte spielen?

GÜLENSTERN.

Gnädiger Herr, ich kann nicht.

HAMLET.

Ich bitte euch.

GÜLENSTERN.

Glaubt mir, ich kann nicht.

HAMLET.

Ich ersuche euch darum.

GÜLENSTERN.

Ich weiß keinen einzigen Griff, gnädiger Herr.

HAMLET.

Es ist so leicht wie lügen. Regiert diese Windlöcher mit euren Fingern und der Klappe, gebt der Flöte mit eurem Munde Odem, und sie wird die beredtste Musik sprechen. Seht ihr, dies sind die Griffe.

GÜLENSTERN.

Aber die habe ich eben nicht in meiner Gewalt, um irgendeine Harmonie hervorzubringen; ich besitze die Kunst nicht.

HAMLET.

Nun, seht ihr, welch ein nichtswürdiges Ding ihr aus mir macht? Ihr wollt auf mir spielen; ihr wollt in das Herz meines Geheimnisses dringen, ihr wollt mich von meiner tiefsten Note bis zum Gipfel meiner Stimme hinauf prüfen; und in dem kleinen Instrument hier ist viel Musik, eine vortreffliche Stimme, dennoch könnt ihr es nicht zum Sprechen bringen. Wetter! Denkt ihr, daß ich leichter zu spielen bin als eine Flöte? Nennt mich was für ein Instrument ihr wollt, ihr könnt mich zwar verstimmen, aber nicht auf mir spielen.

*(*POLONIUS *kommt.)*

Gott grüße euch, Herr.

POLONIUS.

Gnädiger Herr, die Königin wünscht euch zu sprechen, und das sogleich.

HAMLET.

Seht ihr die Wolke dort, beinah in Gestalt eines Kamels?

POLONIUS.

Beim Himmel, sie sieht auch wirklich aus wie ein Kamel.

HAMLET.

Mich dünkt, sie sieht aus wie ein Wiesel.

POLONIUS.

Sie hat einen Rücken

Wie ein Wiesel.

HAMLET.

Oder wie ein Walfisch?

POLONIUS.

Ganz wie ein Walfisch.

HAMLET.

Nun, so will ich zu meiner Mutter kommen, im Augenblick. – Sie närren mich, daß mir die Geduld beinah reißt. – Ich komme im Augenblick.

POLONIUS.

Das will ich ihr sagen.

(Ab.)

HAMLET.

Im Augenblick ist leicht gesagt. Laßt mich, Freunde.

(Rosenkranz, Güldenstern, Horatio und die andern ab.)

Nun ist die wahre Spukzeit der Nacht,
Wo Grüfte gähnen, und die Hölle selbst
Pest haucht in diese Welt. Nun tränke ich wohl heiß Blut,
Und täte Dinge, die der heilige Tag

Mit Schaudern sähe. Still! Jetzt zu meiner Mutter.
O Herz, vergiß nicht die Natur! Nie dränge
Sich Neros Seele in diesen festen Busen!
Grausam, nicht unnatürlich laß mich sein;
Nur reden will ich Dolche, keine brauchen.
Hierin seid Heuchler, Zunge, und du, Gemüt,
Wie hart mit ihr auch meine Rede schmähle,
Nie willige drein, sie zu versiegeln, Seele!

(Ab.)

Dritte Szene

Ein Zimmer im Schlosse.
(Der König, Rosenkranz und Güldenstern treten auf.)

KÖNIG.

Ich mag ihn nicht, auch steht es um uns nicht sicher, wenn frei sein Wahnsinn schwärmt. Drum macht euch fertig: Ich stelle schleunig eure Vollmacht aus,
Und er soll dann mit euch nach England hin.
Die Pflichten unserer Würde dulden nicht
Gefahr so nah, als stündlich euch erwächst
Aus seinen Grillen.

GÜLENSTERN.

Wir wollen uns bereiten.
Es ist gewissenhafte, heilige Furcht,
Die vielen, vielen Seelen zu erhalten,
Die Eure Majestät belebt und nährt.

ROSENKRANZ.

Schon das besondere, einzelne Leben muß
Mit aller Kraft und Rüstung des Gemüts
Vor Schaden sich bewahren; doch viel mehr
Der Geist, an dessen Heil das Leben vieler
Beruht und hängt. Der Majestät Verscheiden
Stirbt nicht allein; es zieht gleich einem Strudel
Das Nahe mit. Sie ist ein mächtiges Rad,
Befestigt auf des höchsten Berges Gipfel,
An dessen Riesenspeichen tausend Dinge
Gekittet und gefugt sind; wenn es fällt,
So teilt die kleinste Zutat und Umgebung
Den ungeheuren Sturz. Kein König seufzte je
Allein und ohne ein allgemeines Weh.

KÖNIG.

Ich bitte, rüstet euch zur schnellen Reise:
Wir müssen diese Furcht in Fesseln legen,
Die auf zu freien Füßen jetzt geht.

ROSENKRANZ UND GÜLENSTERN.

Wir wollen eilen.

*(Beide ab.) – (*Polonius *kommt.)*

Polonius.

Mein Fürst, er geht in seiner Mutter Zimmer.
Ich will mich hinter die Tapete stellen,
Den Hergang anzuhören; seid gewiß,
Sie schilt ihn tüchtig aus, und wie ihr sagtet,
Und weislich war es gesagt, es schickt sich wohl,
Daß noch ein anderer Zeuge als eine Mutter,
Die von Natur parteiisch, ihr Gespräch
Im stillen anhört. Lebt wohl, mein Fürst,
Ehe ihr zu Bett geht, spreche ich vor bei euch,
Und melde euch, was ich weiß.

König.

Dank, lieber Herr.

(Polonius ab.)

O meine Tat ist faul, sie stinkt zum Himmel,
Sie trägt den ersten, ältesten der Flüche,
Mord eines Bruders! – Beten kann ich nicht,
Ist gleich die Neigung dringend wie der Wille:

Die stärkere Schuld besiegt den starken Vorsatz,
Und wie ein Mann, dem zwei Geschäfte obliegen,
Stehe ich in Zweifel, was ich erst soll tun,
Und lasse beides. Wie? Wäre diese Hand
Auch um und um in Bruderblut getaucht:
Gibt es nicht Regen genug im milden Himmel,
Sie weiß wie Schnee zu waschen? Wozu dient
Die Gnade, als vor der Sünde Stirn zu treten?
Und hat Gebet nicht die zwiefache Kraft
Dem Falle vorzubeugen und Verzeihung
Gefallenen auszuwirken? Gut, ich will
emporschauen: mein Verbrechen ist geschehen.
Doch o, welch eine Wendung des Gebets
Ziemt meinem Fall? Vergib mir meinen schnöden
Mord?
Dies kann nicht sein; mir bleibt ja stets noch
alles,
Was mich zum Mord getrieben: meine Krone,
Mein eigener Ehrgeiz, meine Königin.
Wird da verziehen, wo Missetat besteht?
In den verderbten Strömen dieser Welt

Kann die vergoldete Hand der Missetat
Das Recht wegstoßen, und ein schnöder Beutel
Erkauft oft das Gesetz. Nicht so dort oben!
Da gilt kein Kunstgriff, da erscheint die Handlung
In ihrer wahren Art, und wir sind selbst
Genötigt, unseren Fehlern in die Zähne
Ein Zeugnis abzulegen. Nun? Was bleibt?
Sehen, was die Reue kann. Was kann sie nicht?
Doch wenn man nicht bereuen kann, was kann sie?
O Jammerstand? O Busen, schwarz wie Tod!
O Seele, die sich frei zu machen ringend,
Noch mehr verstrickt wird. – Engel, helft!
Versucht!
Beugt euch, ihr starren Knie'! Gestähltes Herz,
Sei weich wie Sehnen neugeborener Kinder!
Vielleicht wird alles gut.

(Kniet vorn auf der Bühne nieder.)

*(*HAMLET *kommt von hinten mit gezogenem Schwert.)*

HAMLET.

Jetzt könnte ich es tun, bequem; er ist im Beten,
Jetzt will ich es tun – und so geht er gen Himmel,
Und so bin ich gerächt? Das hieß: ein Bube
Ermordet meinen Vater, und dafür
Sende ich, sein einziger Sohn, denselben Buben
Gen Himmel. Ei, das wäre Sold und Löhnung,
Rache nicht. Er überfiel in Wüstheit meinen Vater,
Voll Speise, in seiner Sünden Maienblüte.
Wie seine Rechnung steht, weiß nur der Himmel,
Allein nach unserer Denkart und Vermutung
Ergeht es ihm schlimm: und bin ich dann gerächt,
Wenn ich in seiner Heiligung ihn fasse,
Bereitet und geschickt zum Übergang? Nein.
Hinein, du Schwert! Sei schrecklicher gezückt!
Wenn er berauscht ist, schlafend, in der Wut,
In seines Betts blutschänderischen Freuden,
Beim Doppeln, Fluchen, oder anderem Tun,
Das keine Spur des Heiles an sich hat:
Dann stoß ihn nieder, daß gen Himmel er
Die Fersen bäumen mag, und seine Seele

So schwarz und so verdammt sei wie die Hölle,
Wohin er fährt. Die Mutter wartet mein:
Dies soll nur Frist den siechen Tagen sein.

(Ab.)

(Der König *steht auf.)*

König.

Die Worte fliegen auf, der Sinn hat keine
Schwingen: Worte ohne Sinn können nicht zum
Himmel dringen.

(Ab.)

Vierte Szene

Zimmer der Königin.
(Die Königin und Polonius treten auf.)

POLONIUS.

Er kommt sogleich; setzt ihm mit Nachdruck zu,
sagt ihm, daß er zu wilde Streiche macht
Um sie zu dulden, und daß Eure Hoheit
Geschirmt, und zwischen großer Hitze und ihm
Gestanden hat. Ich will hier still mich bergen,
Ich bitte euch, schont ihn nicht.

HAMLET.

(hinter der Szene.)

Mutter, Mutter, Mutter!

KÖNIGIN.

Verlaßt euch drauf, sorgt meinetwegen nicht.
Zieht euch zurück! Ich höre ihn kommen.

(Polonius verbirgt sich.)
(HAMLET *kommt.)*

HAMLET.

Nun, Mutter,

Sagt: was gibt es?

KÖNIGIN.

Hamlet, dein Vater ist von dir beleidigt.

HAMLET.

Mutter, mein Vater ist von euch beleidigt.

KÖNIGIN.

Kommt, kommt! Ihr sprecht mit einer losen Zunge.

HAMLET.

Geht, geht! Ihr fragt mit einer bösen Zunge.

KÖNIGIN.

Was soll das, Hamlet?

HAMLET.

Nun, was gibt es hier?

KÖNIGIN.

Habt ihr mich ganz vergessen?

HAMLET.

Nein, beim Kreuz!

Ihr seid die Königin, Weib eures Mannes Bruders, und – wäre es doch nicht so! – Seid meine Mutter.

KÖNIGIN.

Gut, andere sollen zur Vernunft euch bringen.

HAMLET.

Kommt, setzt euch nieder; ihr sollt nicht vom Platz, nicht gehen, bis ich euch einen Spiegel zeige,
Worin ihr euer Innerstes erblickt.

KÖNIGIN.

Was willst du tun? Du willst mich nicht ermorden? He, Hilfe! Hilfe!

POLONIUS.

(hinter der Szene.)

Hilfe! He! Herbei!

HAMLET.

Wie? Was? Eine Ratte?

(Er zieht.)

Tot! Für einen Dukaten, tot!

(Tut einen Stoß durch die Tapete.)

POLONIUS.

(hinter der Tapete)

O, ich bin umgebracht!

(Fällt und stirbt.)

KÖNIGIN.

Weh mir! Was tatest du?

HAMLET.

Fürwahr, ich weiß es nicht: ist es der König?

(Zieht den Polonius hinter der Tapete hervor.)

KÖNIGIN.

O, welche rasche, blutige Tat ist dies?

HAMLET.

Ja, gute Mutter, eine blutige Tat,
So schlimm beinah, als einen König töten,
Und in die Ehe mit seinem Bruder treten.

KÖNIGIN.

Als einen König töten!

HAMLET.

Ja, so sagte ich.

(Zu POLONIUS.*)*

Du kläglicher, vorwitziger Narr, fahr wohl! Ich
nahm dich für einen Höheren: nimm dein Los.
Du siehst, zu viel Geschäftigkeit ist mißlich. –
Ringt nicht die Hände so! Still! Setzt euch nieder,
Laßt euer Herz mich ringen, denn das will ich,
Wenn es durchdringlich ist, wenn nicht so ganz
Verdammte Angewöhnung es gestählt,
Daß es verschanzt ist gegen die Vernunft.

KÖNIGIN.

Was tat ich, daß du gegen mich die Zunge

So toben lassen darfst?

HAMLET.

Solch eine Tat,
Die alle Huld der Sittsamkeit entstellt,
Die Tugend Heuchler schilt, die Rose wegnimmt
Von unschuldsvoller Liebe schöner Stirn,
Und Beulen hinsetzt, Ehegelübde falsch
Wie Spielereide macht; o, eine Tat,
Die aus dem Körper des Vertrages ganz
Die innere Seele reißet, und die süße
Religion zum Wortgepränge macht.
Des Himmels Antlitz glüht, ja diese Feste,
Dies Weltgebräu, mit trauerndem Gesicht,
Als nahte sich der jüngste Tag, gedenkt
Trübsinnig dieser Tat.

KÖNIGIN.

Weh! Welche Tat
Brüllt denn so laut und donnert im Verkünden?

HAMLET.

Seht hier, auf dies Gemälde und auf dies,
Das nachgeahmte Gleichnis zweier Brüder.
Seht, welche Anmut wohnt auf diesen Brauen!
Apollos Locken, Jovis hohe Stirn,
Ein Auge wie Mars, zum Drohen und zum
Gebieten,
Des Götterherolds Stellung, wann er eben
Sich niederschwingt auf himmelnahe Höhn;
In Wahrheit, ein Verein und eine Bildung,
Auf die sein Siegel jeder Gott gedrückt:
Dies war euer Gatte. – Seht nur her, was folgt:
Hier ist euer Gatte, gleich der brandigen Ähre,
Verderblich seinem Bruder. Habt ihr Augen?
Die Weide dieses schönen Bergs verlaßt ihr,
Und mästet euch im Sumpf? Ha, habt ihr Augen?
Nennt es nicht Liebe! Denn in eurem Alter
Ist der Tumult im Blute zahm; es schleicht,
Und wartet auf das Urteil: und welch Urteil
Schritte wohl von dem zu dem? Sinn habt ihr
sicher,

Sonst könnte keine Regung in euch sein:
Doch sicher ist der Sinn vom Schlag gelähmt,
Denn Wahnwitz würde hier nicht irren; nie
Hat so den Sinn Verrücktheit unterjocht,
Daß nicht ein wenig Wahl ihm blieb, genug
Für solchen Unterschied. Was für ein Teufel
Hat bei der Blindekuh euch so betört?
Sehen ohne Fühlen, Fühlen ohne Sehen,
Ohr ohne Hand und Auge, Geruch ohne alles,
Ja nur ein Teilchen eines echten Sinns
Tappt nimmermehr so zu.
Scham, wo ist dein Erröten? Wilde Hölle,
Empörst du dich in der Matrone Gliedern,
So sei die Keuschheit der entflammten Jugend
Wie Wachs, und schmelze in ihrem Feuer hin;
Ruf keine Schande aus, wenn heißes Blut
Zum Angriff stürmet: da der Frost ja selbst
Nicht minder kräftig brennt, und die Vernunft
Den Willen kuppelt.

KÖNIGIN.

O Hamlet, sprich nicht mehr.
Du kehrst die Augen recht ins Innere mir,
Da sehe ich Flecke, tief und schwarz gefärbt,
Die nicht von Farbe lassen.

HAMLET.

Nein, zu leben im Schweiß
Und Brodem eines eklen Betts, gebrüht in
Fäulnis;
Buhlend und sich paarend
Über dem garstigen Nest –

KÖNIGIN.

O, sprich nicht mehr!
Mir dringen diese Worte ins Ohr wie Dolche.
Nicht weiter, lieber Hamlet!

HAMLET.

Ein Mörder und ein Schalk; ein Knecht, nicht wert
das Zehntel eines Zwanzigteils von ihm,
Der euer Gemahl war; ein Hanswurst von König,

Ein Beutelschneider von Gewalt und Reich,
Der weg vom Sims die reiche Krone stahl
Und in die Tasche steckte.

KÖNIGIN.
Halt inne!

(Der GEIST *kommt ohne Rüstung.)*

HAMLET.
Ein geflickter Lumpenkönig! –
Schirmt mich und schwingt die Flügel über mir,
Ihr Himmelsscharen! – Was will dein würdiges
Bild?

KÖNIGIN.
Weh mir! Er ist verrückt.

HAMLET.
Kommt ihr nicht, euren trägen Sohn zu schelten,
Der Zeit und Leidenschaft versäumt, zur großen
Vollführung eures furchtbaren Gebots? O sagt!

Geist.

Vergiß nicht! Diese Heimsuchung
Soll nur den abgestumpften Vorsatz schärfen.
Doch schau! Entsetzen liegt auf deiner Mutter;
Tritt zwischen sie und ihre Seele im Kampf,
In Schwachen wirkt die Einbildung am stärksten:
Sprich mit ihr, Hamlet!

Hamlet.

Wie ist euch, Mutter?

Königin.

Ach, wie ist denn euch,
Daß ihr die Augen heftet auf das Leere
Und redet mit der körperlosen Luft?
Wild blitzen eure Geister aus den Augen,
Und wie ein schlafend Heer beim Waffenlärm
Sträubt euer liegend Haar sich als lebendig
Empor, und steht zu Berg. O, lieber Sohn,
Springe auf die Hitze und Flamme deines Übels
Abkühlende Geduld! Wo schaust du hin?

HAMLET.

Auf ihn! Auf ihn! Seht ihr, wie blaß er starrt?
Sein Anblick, seine Sache würde Steinen
Vernunft einpredigen. – Sieh nicht auf mich,
Damit nicht deine klägliche Gebärde
Mein strenges Tun erweicht; sonst fehlt ihm dann
Die echte Art: vielleicht statt Blutes Tränen.

KÖNIGIN.

Mit wem besprecht ihr euch?

HAMLET.

Seht ihr dort nichts?

KÖNIGIN.

Gar nichts; doch sehe ich alles, was dort ist.

HAMLET.

Und hörtet ihr auch nichts?

KÖNIGIN.

Nein, nichts als uns.

HAMLET.

Ha, seht nur hin! Seht, wie es weg sich stiehlt!
Mein Vater in leibhaftiger Gestalt. Seht, wie er eben zu der Tür hinausgeht!

(Geist ab.)

KÖNIGIN.

Dies ist bloß eures Hirnes Ausgeburt;
In dieser wesenlosen Schöpfung ist Verzückung sehr geübt.

HAMLET.

Verzückung?
Mein Puls hält ordentlich wie eurer Takt,
Spielt ebenso gesunde Melodien;
Es ist kein Wahnwitz, was ich vorgebracht.
Bringt mich zur Prüfung, und ich wiederhole
Die Sache euch Wort für Wort, wovon der Wahnwitz
Abspringen würde. Mutter, um euer Heil!
Legt nicht die Schmeichelsalbe auf eure Seele,
Daß nur mein Wahnwitz spricht, nicht euer

Vergehen;
Sie wird den bösen Fleck nur leicht verharschen,
Indes Verderbnis, heimlich untergrabend,
Von innen angreift. Beichtet vor dem Himmel,
Bereuet, was geschehen, und meidet Künftiges,
Düngt nicht das Unkraut, daß es mehr noch wuchere,
Vergebt mir diese meine Tugend; denn
In dieser feisten, engelbrüstigen Zeit
Muß Tugend selbst Verzeihung flehen vom Laster,
Ja kriechen, daß sie nur ihm wohltun dürfe.

KÖNIGIN.

O Hamlet, du zerspaltest mir das Herz.

HAMLET.

O werft den schlechten Teil davon hinweg,
Und lebt so reiner mit der anderen Hälfte.
Gute Nacht! Doch meidet meines Oheims Bett,
Nehmt eine Tugend an, die ihr nicht habt.
Der Teufel Angewöhnung, der des Bösen
Gefühl verschlingt, ist hierin Engel doch:

Er gibt der Übung schöner, guter Taten
Nicht minder eine Kleidung oder Tracht,
Die gut sich anlegt. Seid zu Nacht enthaltsam,
Und das wird eine Art von Leichtigkeit
Der folgenden Enthaltung leihen; die nächste
Wird dann noch leichter; denn die Übung kann
Fast das Gepräge der Natur verändern;
Sie zähmt den Teufel oder stößt ihn aus
Mit wunderbarer Macht. Nochmals, schlaft wohl!
Um euren Segen bitte ich, wann ihr selbst
Nach Segen erst verlangt. – Für diesen Herrn
Tut es mir leid: der Himmel hat gewollt,
Um mich durch dies, und dies durch mich zu
strafen,
Daß ich ihm Diener muß und Geißel sein.
Ich will ihn schon besorgen, und den Tod,
Den ich ihm gab, vertreten. Schlaft denn wohl;
Zur Grausamkeit zwingt bloße Liebe mich;
Schlimm fängt es an, und Schlimmeres naht sich.
Ein Wort noch, gute Mutter!

KÖNIGIN.

Was soll ich tun?

HAMLET.

Durchaus nicht das, was ich euch heiße tun.
Laßt den gedunsenen König euch ins Bett
Von neuem locken, in die Wangen euch
Mutwillig kneifen, euch sein Mäuschen nennen,
Und für ein paar verbuhlte Küsse, ein Spielen
In eurem Nacken mit verdammten Fingern,
Bringt diesen ganzen Handel an den Tag,
Daß ich in keiner wahren Tollheit bin,
Nur toll aus List. Gut wär es, ihr ließet es ihn wissen.
Denn, welche Königin, schön, keusch und klug,
Verhehlte einer Kröte, einem Molch
So teure Dinge wohl? Wer täte das?
Nein, trotz Erkenntnis und Verschwiegenheit,
Löst auf dem Dach des Korbes Deckel, laßt
Die Vögel fliegen, und wie jener Affe,
Kriecht in den Korb, um Proben anzustellen,

Und brecht euch selbst den Hals.

KÖNIGIN.

Sei du gewiß, wenn Worte Atem sind,
Und Atem Leben ist, habe ich kein Leben,
Das auszuatmen, was du mir gesagt.

HAMLET.

Ich muß nach England; wißt ihr es?

KÖNIGIN.

Ach, ich vergaß; es ist so ausgemacht.

HAMLET.

Man siegelt Briefe; meine Schulgesellen,
Die beiden, denen ich wie Nattern traue,
Sie bringen die Bestellung hin; sie müssen
Den Weg mir bahnen, und zur Schurkerei,
Herolden gleich, mich führen. Sei es drum!
Der Spaß ist, wenn mit seinem eigenen Pulver
Der Feuerwerker auffliegt; und mich trügt
Die Rechnung, wenn ich nicht ein Klafter tiefer
Als ihre Mienen grabe, und sprenge sie

Bis an den Mond. O, es ist gar zu schön,
Wenn so zwei Listen sich entgegen gehen! –
Der Mann packt mir eine Last auf.
Ich will den Wanst ins nächste Zimmer
schleppen. –
Nun, Mutter, gute Nacht! – Der Ratsherr da
Ist jetzt sehr still, geheim und ernst fürwahr,
Der sonst ein schelmischer, alter Schwätzer war.
Kommt, Herr, ich muß mit euch ein Ende
machen. –
Gute Nacht, Mutter!

(Sie gehen nach verschiedenen Seiten ab. Hamlet schleift den Polonius heraus.)

Vierter Aufzug

Erste Szene

Ein Zimmer im Schlosse.
(Der König*, die* Königin*,* Rosenkranz *und* Gülenstern.*)*

König.

In diesen tiefen Seufzern ist ein Sinn;
Legt sie uns aus, wir müssen sie verstehen.
Wo ist euer Sohn?

Königin.

(zu Rosenkranz und Gülenstern.)

Räumt diesen Platz uns auf ein Weilchen ein.

(Beide ab.)

Ah, mein Gemahl! Was sah ich diese Nacht!

KÖNIG.

Wie, Gertrud? Was macht Hamlet?

KÖNIGIN.

Er rast wie See und Wind, wenn beide kämpfen,
wer mächtiger ist: in seiner wilden Wut,
Da er was hinterm Teppich rauschen hört,
Reißt er die Klinge heraus, schreit: eine Ratte!
Und tötet so in seines Wahnes Hitze
Den ungesehenen guten alten Mann.

KÖNIG.

O schwere Tat! So wäre es uns geschehen,
Wenn wir daselbst gestanden. Seine Freiheit
Droht aller Welt, euch selbst, uns, jedem
anderen.
Ach! Wer steht ein für diese blutige Tat?
Uns wird zur Last sie fallen, deren Vorsicht
Den tollen jungen Mann, eng eingesperrt,
Und fern von Menschen hätte halten sollen.
Doch unsere Liebe war so groß, daß wir
Nicht einsehen wollten, was das beste war.

Und wie der Eigner eines bösen Schadens,
Den er geheimhält, ließen wir ihn zehren
Recht an des Lebens Mark. Wo ist er hin?

KÖNIGIN.

Er schafft den Leichnam des Erschlagenen weg,
wobei sein Wahnsinn, wie ein Körnchen Gold
In einem Erz von schlechteren Metallen,
Sich rein beweist: er weint um das Geschehene.

KÖNIG.

O Gertrud, laßt uns gehen!
Sobald die Sonne an die Berge tritt,
Schifft man ihn ein; und diese schnöde Tat
Muß unsere ganze Majestät und Kunst
Vertreten und entschuldigen. – He, Güldenstern!

(Rosenkranz und Güldenstern kommen.)

Geht, beide Freunde, nehmt euch wen zu Hilfe.
Hamlet hat den Polonius umgebracht
In seinem tollen Mut, und ihn darauf
Aus seiner Mutter Zimmer weggeschleppt.

Geht, sucht ihn, sprecht ihm zu, und bringt den Leichnam
In die Kapelle. Ich bitte euch, eilt herbei.

(Rosenkranz und Güldenstern ab.)

Kommt, Gertrud, rufen wir von unseren Freunden
Die klügsten auf, und machen ihnen kund,
Was wir zu tun gedenken, und was leider
Geschehen: so kann der schlangenartige Leumund,
Dessen Zischeln von dem einen Pol zum anderen,
So sicher wie zum Ziele die Kanone,
Den giftigen Schuß trägt, unseren Namen noch
Verfehlen, und die Luft unschädlich treffen.
O komm hinweg mit mir! Entsetzen ist
In meiner Seele und innerlicher Zwist.

(Beide ab.)

Zweite Szene

(Ein anderes Zimmer im Schlosse.)
*(*HAMLET *kommt.)*

HAMLET.

Sicher beigepackt.

ROSENKRANZ und GÜLENSTERN.
(hinter der Szene.)

Hamlet! Prinz Hamlet!

HAMLET.

Aber still – was für ein Lärm? Wer ruft den Hamlet? O, da kommen sie.

*(*ROSENKRANZ *und* GÜLDENSTERN *kommen.)*

ROSENKRANZ.

Was habt ihr mit dem Leichnam, Prinz, gemacht?

HAMLET.

Ihn mit dem Staub gepaart, dem er verwandt.

ROSENKRANZ.

Sagt uns den Ort, daß wir ihn weg von da
In die Kapelle tragen.

HAMLET.

Glaubt es nicht.

ROSENKRANZ.

Was nicht glauben?

HAMLET.

Daß ich euer Geheimnis bewahren kann, und meines nicht. Überdies, sich von einem Schwamme fragen zu lassen. Was für eine Antwort soll der Sohn eines Königs darauf geben?

ROSENKRANZ.

Nehmt ihr mich für einen Schwamm, gnädiger Herr?

HAMLET.

Ja, Herr, der des Königs Miene, seine

Gunstbezeugungen und Befehle einsaugt. Aber solche Beamte tun dem Könige den besten Dienst am Ende. Er hält sie wie ein Affe den Bissen im Winkel seines Kinnbackens; zuerst in den Mund gesteckt, um zuletzt verschlungen zu werden. Wenn er braucht, was ihr aufgesammelt habt, so darf er euch nur drücken, so seid ihr, Schwamm, wieder trocken.

ROSENKRANZ.

Ich verstehe euch nicht, gnädiger Herr.

HAMLET.

Es ist mir lieb: eine lose Rede schläft in dummen Ohren.

ROSENKRANZ.

Gnädiger Herr, ihr müßt uns sagen, wo die Leiche ist, und mit uns zum König gehen.

HAMLET.

Die Leiche ist beim König, aber der König ist nicht bei der Leiche. Der König ist ein Ding –

GÜLENSTERN.

Ein Ding, gnädiger Herr?

HAMLET.

Das nichts ist: Bringt mich zu ihm. Versteck dich,
Fuchs, und alle hinterdrein!

(Alle ab.)

Dritte Szene

Ein anderes Zimmer im Schlosse.

(Der KÖNIG *tritt auf mit Gefolge.)*

KÖNIG.

Ich lasse ihn holen, und den Leichnam suchen.
O wie gefährlich ist es, daß dieser Mensch
So frank umhergeht! Dennoch dürfen wir
Nicht nach dem strengen Recht mit ihm
verfahren.
Er ist beliebt bei der verworrenen Menge,
Die mit dem Auge, nicht mit dem Urteil wählt,

Und wo das ist, wägt man des Schuldigen Plage,
Doch nie die Schuld. Um alles auszugleichen,
Muß diese schnelle Wegsendung ein Schritt
Der Überlegung scheinen: wenn die Krankheit
Verzweifelt ist, kann ein verzweifelt Mittel
Nur helfen, oder keins.

(ROSENKRANZ *kommt.)*

Was ist geschehen?

ROSENKRANZ.

Wo er die Leiche hingeschafft, mein Fürst,
Vermögen wir von ihm nicht zu erfahren.

KÖNIG.

Wo ist er selber?

ROSENKRANZ.

Draußen, gnädiger Herr;
Bewacht, um euer Belieben abzuwarten.

KÖNIG.

So bringt ihn vor uns.

ROSENKRANZ.

He, Güldenstern! Bringt den gnädigen Herrn herein.

*(*HAMLET *und* GÜLDENSTERN *kommen.)*

KÖNIG.

Nun, Hamlet, wo ist Polonius?

HAMLET.

Beim Nachtmahl.

KÖNIG.

Beim Nachtmahl?

HAMLET.

Nicht wo er speist, sondern wo er gespeist wird. Eine gewisse Reichsversammlung von feinschmeckenden Würmern hat sich eben an ihn gemacht. So ein Wurm ist euch der einzige Kaiser, was die Tafel betrifft. Wir mästen alle anderen Kreaturen um uns zu mästen; und uns selbst mästen wir für Maden. Der fette König und der magere Bettler sind nur verschiedene

Gerichte; zwei Schüsseln, aber für eine Tafel, das ist das Ende vom Liede.

KÖNIG.

Ach Gott! Ach Gott!

HAMLET.

Jemand könnte mit dem Wurm fischen, der von einem König gegessen hat, und von dem Fisch essen, der den Wurm verzehrte.

KÖNIG.

Was meinst du damit?

HAMLET.

Nichts als euch zu zeigen, wie ein König seinen Weg durch die Gedärme eines Bettlers nehmen kann.

KÖNIG.

Wo ist Polonius?

HAMLET.

Im Himmel. Schickt hin, um zuzusehen. Wenn

euer Bote ihn da nicht findet, so sucht ihn selbst an dem anderen Orte. Aber wahrhaftig, wo ihr ihn nicht binnen dieses Monats findet, so werdet ihr ihn wittern, wenn ihr die Treppe zur Galerie hinaufgeht.

KÖNIG.

(zu einigen aus dem Gefolge.)

Geht, sucht ihn dort.

HAMLET.

Er wird warten, bis ihr kommt.

(Einige aus dem Gefolge ab.)

KÖNIG.

Hamlet, für deine eigene Sicherheit,
Die uns so wert ist, wie uns innig kränkt,
Was du begangen hast, muß diese Tat
In feuriger Eile dich von hinnen senden.
Drum rüste dich: das Schiff liegt schon bereit,
Der Wind ist günstig, die Gefährten warten,
Und alles treibt nach England auf und fort.

HAMLET.

Nach England?

KÖNIG.

Ja, Hamlet.

HAMLET.

Gut.

KÖNIG.

So ist es, wenn du unsere Absicht wüßtest.

HAMLET.

Ich sehe einen Cherub, der sie sieht. –
Aber kommt! Nach England! –
Lebt wohl, liebe Mutter.

KÖNIG.

Dein liebevoller Vater, Hamlet.

HAMLET.

Meine Mutter. Vater und Mutter sind Mann und Weib; Mann und Weib sind ein Fleisch: also meine Mutter. Kommt, nach England!

(Ab.)

KÖNIG.

Folgt auf dem Fuß ihm, lockt ihn schnell an Bord;
verzögert nicht: er muß zu Nacht von hinnen.
Fort! Alles ist versiegelt und geschehen,
Was sonst die Sache heischt. Ich bitte euch, eilt.

(Rosenkranz und Güldenstern ab.)

Und, England! Gilt dir meine Liebe was
(Wie meine Macht sie dich kann schätzen lehren,
Denn noch ist deine Narbe wund und rot
Vom Dänenschwert, und deine Ehrfurcht leistet
Uns willig Lehenspflicht), so darfst du nicht
Das oberherrliche Geheiß versäumen,
Das durch ein Schreiben solchen Inhalts dringt
Auf Hamlets schnellen Tod. O tue es, England,
Denn wie die Hektik rast er mir im Blut:
Du mußt mich heilen. Mag mir alles glücken,
Bis dies geschehen ist, kann mich nichts
erquicken.

(Ab.)

Vierte Szene

Eine Ebene in Dänemark.
(Fortinbras und Truppen, im Marsch begriffen.)

FORTINBRAS.

Geht, Hauptmann, grüßt von mir den Dänenkönig; sagt ihm, daß Fortinbras auf sein Gestatten
Für den versprochenen Zug durch sein Gebiet
Geleit begehrt. Ihr wißt, wo wir uns treffen.
Wenn Seine Majestät uns sprechen will,
So wollen wir pflichtmäßig ihn begrüßen;
Das meldet ihm.

HAUPTMANN.

Ich will es tun, mein Prinz.

FORTINBRAS.

Rückt langsam vor.

(Fortinbras und Truppen ab.) –
(HAMLET, ROSENKRANZ, GÜLDENSTERN und andere kommen.)

HAMLET.

Wessen sind die Truppen, lieber Herr?

HAUPTMANN.

Sie sind von Norwegen, Herr.

HAMLET.

Wozu bestimmt, ich bitte euch?

HAUPTMANN.

Sie rücken gegen Polen.

HAMLET.

Wer führt sie an?

HAUPTMANN.

Des alten Norwegens Neffe, Fortinbras.

HAMLET.

Und geht es auf das ganze Polen, oder
Auf einen Grenzort nur.

HAUPTMANN.

Um wahr zu reden und mit keinem Zusatz,
Wir gehen, ein kleines Fleckchen zu gewinnen,
Das keinen Vorteil als den Namen bringt.
Für fünf Dukaten, fünf, möchte ich es nicht pachten.
Auch bringt es dem Norwegen oder Polen sicher
Nicht mehr, wenn man auf Erbzins es verkauft.

HAMLET.

So wird es der Polacke nicht halten wollen.

HAUPTMANN.

Doch; es ist schon besetzt.

HAMLET.

Zweitausend Seelen, zwanzigtausend Goldstücke
entscheiden diesen Lumpenzwist noch nicht.
Dies ist des Wohlstands und der Ruh Geschwür,
Das innen aufbricht, während sich von außen
Kein Grund des Todes zeigt. – Ich danke euch, Herr.

HAUPTMANN.

Geleite euch Gott!

(Ab.)

ROSENKRANZ.

Beliebt es euch zu gehen?

HAMLET.

Ich komme gleich euch nach. Geht nur voran.

(Rosenkranz und die übrigen ab.)

Wie jeder Anlaß mich verklagt und spornt
Die träge Rache an! Was ist der Mensch,
Wenn seiner Zeit Gewinn, sein höchstes Gut
Nur Schlaf und Essen ist? Ein Vieh, nichts weiter.
Gewiß, der uns mit solcher Denkkraft schuf
Voraus zu schauen und rückwärts, gab uns nicht
Die Fähigkeit und göttliche Vernunft,
Um ungebraucht in uns zu schimmeln. Nun,
Sei es viehisches Vergessen oder sei es
Ein banger Zweifel, welcher zu genau
Bedenkt den Ausgang – ein Gedanke, der,

Zerlegt man ihn, ein Viertel Weisheit nur
Und stets drei Viertel Feigheit hat – ich weiß
nicht,
Weswegen ich noch lebe, um zu sagen:
»Dies muß geschehen;« da ich doch Grund und
Willen
Und Kraft und Mittel hab', um es zu tun.
Beispiele, die zu greifen, mahnen mich.
So dieses Heer von solcher Zahl und Stärke,
Von einem zarten Prinzen angeführt,
Dessen Mut, von hoher Ehrbegier geschwellt,
Die Stirn dem unsichtbaren Ausgang beut,
Und gibt sein sterblich und verletzbar Teil
Dem Glück, dem Tode, den Gefahren preis,
Für eine Nußschale. Wahrhaft groß sein, heißt,
Nicht ohne großen Gegenstand sich regen;
Doch einen Strohhalm selber groß verfechten,
Wenn Ehre auf dem Spiel. Wie stehe denn ich,
Den seines Vaters Mord, der Mutter Schande,
Antriebe der Vernunft und des Geblüts,
Den nichts erweckt? Ich sehe indes beschämt

Den nahen Tod von zwanzigtausend Mann,
Die für eine Grille, ein Phantom des Ruhms,
Zum Grab gehen wie ins Bett: es gilt ein
Fleckchen,
Worauf die Zahl den Streit nicht führen kann;
Nicht Gruft genug und Raum, um die
Erschlagenen
Nur zu verbergen. O von Stunde an trachtet
Nach Blut, Gedanken, oder seid verachtet!

(Ab.)

Fünfte Szene

Helsingör. Ein Zimmer im Schlosse.
(Die Königin *und* Horatio *treten auf.)*

Königin.

– Ich will nicht mit ihr sprechen.

Horatio.

Sie ist sehr dringend; wirklich außer sich.
Ihr Zustand ist erbarmenswert.

Königin.

Was will sie?

Horatio.

Sie spricht von ihrem Vater; sagt, sie höre,
Die Welt sei schlimm, und ächzt und schlägt die Brust;
Ein Strohhalm ärgert sie; sie spricht verworren
Mit halbem Sinn nur: ihre Rede ist nichts,
Doch leitet ihre ungestalte Art
Die Hörenden auf Schlüsse; man errät,

Man stückt zusammen ihrer Worte Sinn,
Die sie mit Nicken gibt, mit Winken, Mienen,
So daß man wahrlich denken muß, man könnte
Zwar nichts gewiß, jedoch viel Arges denken.

KÖNIGIN.

Man muß doch mit ihr sprechen; sie kann
Argwohn in Unheil brütende Gemüter streun.
Laßt sie nur vor.

(Horatio ab.)

Der kranken Seele, nach der Art der Sünden,
Scheint jeder Tand ein Unglück zu verkünden.
Von so betörter Furcht ist Schuld erfüllt,
Daß, sich verbergend, sie sich selbst enthüllt.

(Horatio kommt mit Ophelia.)

OPHELIA.

Wo ist die schöne Majestät von Dänemark?

KÖNIGIN.

Wie geht es, Ophelia?

Ophelia.

(singt.)

Wie erkenne ich dein Treulieb
Vor den anderen nun?
An dem Muschelhut und Stab,
Und den Sandelschuhen.

Königin.

Ach, süßes Fräulein, wozu soll dies Lied?

Ophelia.

Was beliebt? Nein, bitte, hört.

(singt.)

Er ist lange tot und hin,
Tot und hin, Fräulein!
Ihm zu Häupten ein Rasen grün,
Ihm zu Fuß ein Stein.
O!

Königin.

Aber sagt, Ophelia –

OPHELIA.

Bitte euch, hört.

(singt.)

Sein Leichenhemd, weiß wie Schnee zu
sehen

(Der König tritt auf.)

KÖNIGIN.

Ach, mein Gemahl, seht hier!

OPHELIA.

(singt.)

Geziert mit Blumensegen,
Das unbetränt zum Grab mußte gehen
Von Liebesregen.

KÖNIG.

Wie geht es euch, holdes Fräulein?

OPHELIA.

Gottes Lohn! Recht gut. Sie sagen, die Eule war eines Bäckers Tochter. Ach, Herr! Wir wissen wohl, was wir sind, aber nicht, was wir werden können. Gott segne euch die Mahlzeit!

KÖNIG.

Anspielung auf ihren Vater.

OPHELIA.

Bitte, laßt uns darüber nicht sprechen; aber wenn sie euch fragen, was es bedeutet, so sagt nur:

(singt.)

Auf morgen ist Sankt Valentins Tag,
Wohl an der Zeit noch früh,
Und ich, eine Maid, am Fensterschlag,
Will sein euer Valentin.
Er war bereit, tät an sein Kleid,
Tät auf die Kammertür,
Ließ ein die Maid, die als eine Maid
Ging nimmermehr herfür.

KÖNIGIN.

Holde Ophelia!

OPHELIA.

Fürwahr, ohne Schwur, ich will ein Ende machen:

(singt.)

Bei unserer Frau und Sankt Kathrin!
O pfui! Was soll das sein?
Ein junger Mann tut es, wenn er kann,
Beim Himmel, es ist nicht fein.
Sie sprach: ehe ihr gescherzt mit mir,
Gelobtet ihr mich zu freien.
Er antwortet:
Ich bräche es auch nicht, beim Sonnenlicht!
Wärst du nicht kommen herein.

KÖNIG.

Wie lange ist sie schon so?

OPHELIA.

Ich hoffe, alles wird gut gehen. Wir müssen geduldig sein: aber ich kann nicht umhin zu weinen, wenn ich denke, daß sie ihn in den kalten Boden gelegt haben. Mein Bruder soll davon wissen, und so danke ich euch für euren guten Rat. Kommt, meine Kutsche! Gute Nacht, Damen! Gute Nacht, süße Damen! Gute Nacht! Gute Nacht!

(Ab.)

KÖNIG.

Folgt auf dem Fuß ihr doch; bewacht sie recht!

(Horatio ab.)

O dies ist Gift des tiefen Grams: es quillt
Aus ihres Vaters Tod. Und seht nun an,
O Gertrud! Gertrud! Wenn die Leiden kommen,
So kommen sie wie einzelne Späher nicht,
Nein, in Geschwadern. Ihr Vater umgebracht;
Fort euer Sohn, er selbst der wüste Stifter
Gerechten eigenen Banns; das Volk verschlämmt,
Schädlich und trübe in Wähnen und Vermuten
Vom Tod des redlichen Polonius;
Und töricht war es von uns, so unterm Husch
Ihn zu bestatten; dann dies arme Kind
Getrennt von sich und ihrem edlen Urteil,

Ohne welches wir nur Bilder sind, nur Tiere.
Zuletzt, was mehr als alles in sich schließt:
Ihr Bruder ist von Frankreich insgeheim
Zurückgekehrt, nährt sich mit seinem Staunen,
Hält sich in Wolken und ermangelt nicht
Der Ohrenbläser, um ihn anzustecken
Mit giftigen Reden von des Vaters Tod;
Wobei Verlegenheit, an Vorwand arm,
Sich nicht entblöden wird uns zu verklagen
Von Ohr zu Ohr. O liebste Gertrud, dies
Gibt wie ein Traubenschuß an vielen Stellen
Mir überflüssigen Tod.

(Lärm hinter der Szene.)

KÖNIGIN.

O weh! Was für ein Lärm?

(Ein Edelmann kommt.)

KÖNIG.

Herbei! Wo sind die Schweizer? Laßt die Tür
bewachen. Was gibt es draußen?

EDELMANN.

Rettet euch, mein Fürst.
Der Ozean, entwachsend seinem Saum,
Verschlingt die Niederung ungestümer nicht,
Als an der Spitze eines Meutererhaufens
Laertes eure Diener übermannt.
Der Pöbel nennt ihn Herrn, und gleich als finge
Die Welt erst an, als wäre das Altertum
Vergessen, und Gewohnheit nicht bekannt,
Die Stützen und Bekräftiger jedes Worts,
Schreien sie: Erwählen wir! Laertes werde König!
Und Mützen, Hände, Zungen tragen es jubelnd
Bis an die Wolken: König sei Laertes!
Laertes König!

KÖNIGIN.

Sie schlagen lustig an auf falscher Fährte.
Verkehrt gespürt, ihr falschen Dänenhunde!

(Lärm hinter der Szene.)

KÖNIG.

Die Türen sind gesprengt.

(Laertes kommt bewaffnet. Dänen hinter ihm.)

LAERTES.

Wo ist denn dieser König? – Herrn, bleibt draußen.

DÄNEN.

Nein, laßt uns mit herein.

LAERTES.

Ich bitte, erlaubt mir.

DÄNEN.

Gut, wie ihr wollt.

(Sie ziehen sich hinter die Tür zurück.)

LAERTES.

Dank euch! Besetzt die Tür! –
Du, schnöder König, gib mir meinen Vater.

KÖNIGIN.

Guter Laertes, ruhig!

LAERTES.

Der Tropfe Bluts, der ruhig ist, erklärt
Für Bastard mich; schilt Hahnrei meinen Vater,
Brandmarkt die Metze meiner treuen Mutter,
Hier zwischen ihre reinen, keuschen Brauen.

KÖNIG.

Was ist der Grund, Laertes, daß dein Aufstand
So riesenmäßig aussieht? – Laßt ihn, Gertrud,
Befürchtet nichts für unsere Person.
Denn solche Göttlichkeit schirmt einen König:
Verrat, der nur erblickt, was er gewollt,
Steht ab von seinem Willen. – Sag, Laertes,
Was bist du so entrüstet? – Gertrud, laßt ihn! –
Sprich, junger Mann.

LAERTES.

Wo ist mein Vater?

KÖNIG.

Tot.

KÖNIGIN.

Doch nicht durch ihn.

KÖNIG.

Laßt ihn nur satt sich fragen.

LAERTES.

Wie kam er um? Ich lasse mich nicht äffen.
Zur Hölle, Treue! Zum ärgsten Teufel, Eide!
Gewissen, Frömmigkeit, zum tiefsten Schlund!
Ich trotze der Verdammnis; soweit kam es:
Ich schlage beide Welten in die Schanze,
Mag kommen, was da kommt! Nur Rache will ich
Vollauf für meinen Vater.

KÖNIG.

Wer wird euch hindern?

LAERTES.

Mein Wille, nicht der ganzen Welt Gebot,
Und meine Mittel will ich so verwalten,
Daß wenig weit soll reichen.

KÖNIG.

Hört, Laertes, wenn ihr von eures teuren Vaters
Tod das Sichere wissen wollt: ist es eurer Rache
Schluß,
Als Sieger in dem Spiel, so Freund als Feind,
Gewinner und Verlierer fortzureißen?

LAERTES.

Nur seine Feinde.

KÖNIG.

Wollt ihr sie denn kennen?

LAERTES.

Den Freunden will ich weit die Arme öffnen,
Und wie der lebensopfernde Pelikan mit meinem
Blut sie tränken.

KÖNIG.

So! Nun sprecht ihr als guter Sohn,
Und echter Edelmann. Daß ich an eures
Vaters Tode schuldlos,
Und am empfindlichsten dadurch gekränkt,

Soll eurem Urteil offen dar sich legen,
Wie Tageslicht dem Auge.

DÄNEN.

(hinter der Szene.)

Laßt sie hinein!

LAERTES.

Was gibt es? Was für ein Lärm?

*(*OPHELIA *kommt, phantastisch mit Kräutern und Blumen geschmückt.)*

O Hitze, trockne mein Hirn auf! Tränen,
Siebenfach gesalzen, brennt meiner Augen
Kraft und Tugend aus! – Bei Gott!
Dein Wahnsinn soll bezahlt uns werden
Nach dem Gewicht, bis unsere Wagschale sinkt.
O Maienrose! Süßes Kind! Ophelia!
Geliebte Schwester! – Himmel, kann es sein,
Daß eines jungen Mädchens Witz so sterblich
Als eines alten Mannes Leben ist?
Natur ist fein im Lieben: wo sie fein ist,

Da sendet sie ein kostbarer Pfand von sich
Dem, was sie liebet, nach.

OPHELIA.

(singt.)

Sie trugen ihn auf der Bahre bloß,
Leider, ach leider!
Und manche Träne fiel in Grabes Schoß –
Fahr wohl, meine Taube!

LAERTES.

Hättest du Vernunft und mahntest uns zur Rache, es könnte so nicht rühren.

OPHELIA.

Ihr müßt singen: »hinunter, hinunter! Und ruft ihr ihn hinunter.« O wie das Rad dazu klingt! Es ist der falsche Verwalter, der seines Herrn Tochter stahl.

LAERTES.

Dies Nichts ist mehr als Etwas.

Ophelia.

Da ist Vergißmeinnicht, das ist zum Andenken: ich bitte euch, liebes Herz, gedenkt meiner! Und da ist Rosmarin, das ist für die Treue.

Laertes.

Ein Sinnspruch im Wahnsinn: Treue und Andenken bezeichnet.

Ophelia.

Da ist Fenchel für euch und Agley – da ist Raute für euch, und hier ist welche für mich – ihr könnt eure Raute mit einem Abzeichen tragen. – Da ist Maßlieb – ich wollte euch ein paar Veilchen geben, aber sie welkten alle, da mein Vater starb. – Sie sagen, er nahm ein gutes Ende.

(singt.)

Denn traut lieb Fränzel ist all meine Lust –

Laertes.

Schwermut und Trauer, Leid, die Hölle selbst,
Macht sie zur Anmut und zur Artigkeit.

OPHELIA.

(singt.)
Und kommt er nicht mehr zurück?
Und kommt er nicht mehr zurück?
Nein, nein! Er ist tot,
Ist gegangen zu Gott,
Er kommt ja nimmer zurück.
Sein Bart war so weiß wie Schnee,
Sein Haupt dem Flachse gleich:
Er ist hin, er ist hin,
Und kein Leid bringt Gewinn;
Gott helfe ihm ins Himmelreich!
Und allen Christenseelen! Darum bete ich.
Gott sei mit euch!

(Ab, in Geistesverwirrung tanzend.)

LAERTES.

Seht ihr das? O Gott!

KÖNIG.

Laertes, ich muß euren Gram besprechen;
Versagt mir nicht mein Recht. Entfernt euch nur,

Wählt die Verständigsten von euren Freunden,
Und laßt sie richten zwischen euch und mir,
Wenn sie zunächst uns, oder mittelbar,
Dabei betroffen finden, wollen wir
Reich, Krone, Leben, was nur unser heißt,
Euch zur Vergütung geben; doch wo nicht,
So seid zufrieden uns Geduld zu leihen;
Wir wollen dann, vereint mit eurer Seele,
Sie zu befriedigen trachten.

LAERTES.

Ja, so sei es.
Die Todesart, die heimliche Bestattung –
Kein Schwert, noch Wappen über seiner Gruft,
Kein hoher Brauch, noch förmliches Gepränge –
Sie rufen laut vom Himmel bis zur Erde,
Daß ich es zur Frage ziehen muß.

KÖNIG.

Gut, das sollt ihr,
Und wo die Schuld ist, mag das Strafbeil fallen.
Ich bitte euch, folget mir.

(Alle ab.)

Sechste Szene

Ein anderes Zimmer im Schlosse.
(Horatio und ein Diener treten auf.)

HORATIO.

Was sind es für Leute, die mich sprechen wollen?

DIENER.

Matrosen, Herr; sie haben, wie sie sagen,
Euch Briefe zu bestellen.

HORATIO.

Laßt sie vor.

(Diener ab.)

Ich wüßte nicht, von welchem Teil der Welt
Ein Gruß mir käme, als vom Prinzen Hamlet.

(Matrosen kommen.)

ERSTER MATROSE.

Gott segne euch, Herr!

HORATIO.

Dich segne er ebenfalls.

ERSTER MATROSE.

Das wird er, Herr, so es ihm gefällt. Hier ist ein Brief für euch, Herr; er kommt von dem Gesandten, der nach England reisen sollte, wenn euer Name anders Horatio ist, wie man mich versichert.

HORATIO.

(liest.)

»Horatio, wenn du dies durchgesehen haben wirst, verschaffe diesen Leuten Zutritt beim Könige, sie haben Briefe für ihn. Wir waren noch nicht zwei Tage auf der See gewesen, als ein starkgerüsteter Korsar Jagd auf uns machte: da wir uns im Segeln zu langsam fanden, legten wir eine notgedrungene Tapferkeit an, und

während des Handgemenges enterte ich; in dem Augenblick machten sie sich von unserem Schiffe los, und so ward ich allein ihr Gefangener. Sie haben mich wie barmherzige Diebe behandelt, aber sie wußten wohl, was sie taten; ich muß einen guten Streich für sie tun. Sorge, daß der König die Briefe bekommt, die ich sende, und begib dich zu mir in solcher Eile, als du den Tod fliehen würdest. Ich habe dir Worte ins Ohr zu sagen, die dich stumm machen werden, doch sind sie viel zu leicht für das Gewicht der Sache. Diese guten Leute werden dich hinbringen, wo ich bin. Rosenkranz und Güldenstern setzen ihre Reise nach England fort: über sie hab ich dir viel zu sagen. Lebe wohl. Ewig der Deinige Hamlet.«
Kommt, ich will diese eure Briefe fördern,
Und um so schneller, daß ihr hin mich führt
Zu ihm, der sie euch mitgab.

(Alle ab.)

Siebente Szene

Ein anderes Zimmer im Schlosse.
(Der König *und* Laertes *treten auf.)*

König.

Nun muß doch euer Gewissen meine Unschuld
Versiegeln, und ihr müßt in euer Herz
Als Freund mich schließen, weil ihr habt gehört,
Und zwar mit kundigem Ohr, daß eben der,
Der euren edlen Vater umgebracht,
Mir nach dem Leben stand.

Laertes.

Ja, es ist klar. Doch sagt mir,
Warum belangtet ihr nicht diese Taten,
So strafbar und so peinlicher Natur,
Wie eure Größe, Weisheit, Sicherheit,
Wie alles sonst euch drang?

König.

Aus zwei besonderen Gründen,
Die euch vielleicht sehr marklos dünken mögen,

Allein für mich doch stark sind. Seine Mutter,
Die Königin lebt fast von seinem Blick;
Und was mich selbst betrifft – sei es, was es sei,
Entweder meine Tugend oder Qual –
Sie ist mir so vereint in Seele und Leben,
Wie sich der Stern in seinem Kreis nur regt,
Könnte ich es nicht ohne sie. Der andere Grund,
Warum ich es nicht zur Sprache bringen durfte,
Ist, daß der große Haufen an ihm so hängt:
Sie tauchen seine Fehler in ihre Liebe,
Die, wie der Quell, der Holz in Stein verwandelt,
Aus Tadel Lob macht, so daß meine Pfeile
Zu leicht gezimmert für so scharfen Wind,
Zurückgekehrt zu meinem Bogen wären,
Und nicht zum Ziel gelangt.

LAERTES.

Und so verlor ich einen edlen Vater,
So ward mir eine Schwester hoffnungslos
Zerrüttet, deren Wert (sofern das Lob
Zurückgehen darf) auf unserer Zeiten Höhe

Auffordernd stand zu gleicher Trefflichkeit.
Doch kommen soll die Rache.

KÖNIG.

Schlaft deshalb ruhig nur. Ihr müßt nicht denken,
Wir wären aus so trägem Stoff gemacht,
Daß wir Gefahr am Bart uns raufen ließen
Und hielten es für Kurzweil. Ihr vernehmt
Mit nächstem mehr: ich liebte euren Vater,
Auch lieben wir uns selbst; das hoffe ich, wird
Euch einsehen lehren –

(Ein Bote kommt.)

Nun? Was gibt es Neues?

BOTE.

Herr, Briefe sind es von Hamlet; dieser da
Für Eure Majestät, der für die Königin.

KÖNIG.

Von Hamlet? Und wer brachte sie?

Bote.

Matrosen, heißt es, Herr; ich sah sie nicht.
Mir gab sie Claudio, der vom Überbringer
Sie selbst empfing.

König.

Laertes, ihr sollt hören. – Laßt uns.

(Bote ab.)

(Liest.)

»Großmächtigster! Wisset, daß ich nackt an euer Reich ausgesetzt bin. Morgen werde ich um Erlaubnis bitten, vor euer königliches Auge zu treten, und dann werde ich, wenn ich euch erst um Vergünstigung dazu ersucht, die Veranlassung meiner plötzlichen und wunderbaren Rückkehr berichten.«

Hamlet.

Was heißt dies? Sind sie alle wieder da?
Wie? Oder ist es Betrug und nichts daran?

LAERTES.

Kennt ihr die Hand?

KÖNIG.

Es sind Hamlets Züge. »Nackt«,
Und in der Nachschrift hier sagt er: »Allein« –
Könnt ihr mir raten?

LAERTES.

Ich bin ganz irre, mein Fürst. Allein er komme.
Erfrischt es doch mein Herzensübel recht,
Daß ich es ihm in die Zähne rücken kann:
»Das tatest du!«

KÖNIG.

Wenn es so ist, Laertes – Wie kann es nur so sein?
Wie anders? – Wollt ihr euch von mir stimmen
lassen?

LAERTES.

Ja, mein Fürst, wenn ihr mich nicht zum Frieden
überstimmt.

König.

Zu deinem Frieden. Ist er heimgekehrt,
Als stutzig vor der Reise, und denkt nicht mehr
Sie vorzunehmen, so beweg ich ihn
Zu einem Probestück, reif in meinem Sinn,
Wobei sein Fall gewiß ist; und es soll
Um seinen Tod kein Lüftchen Tadel wehen,
Selbst seine Mutter spreche los die List,
Und nenne Zufall sie.

Laertes.

Ich will euch folgen, Herr,
Und um so mehr, wenn ihr es zu machen wüßtet,
Daß ich das Werkzeug wäre.

König.

So trifft sich es eben.
Man hat seit eurer Reise euch viel gerühmt,
Und das vor Hamlets Ohr, um eine Eigenschaft,
Worin ihr, sagt man, glänzt; all eure Gaben
Entlockten ihm gesamt nicht so viel Neid,
Als diese eine, die nach meiner Schätzung

Vom letzten Rang ist.

LAERTES.

Und welche Gabe wäre das, gnädiger Herr?

KÖNIG.

Ein bloßes Band nur an dem Hut der Jugend,
Doch nötig auch, denn leichte, lose Tracht
Ziemt minder nicht der Jugend, die sie trägt,
Als dem gesetzten Alter Pelz und Mantel
Gesundheit schafft und Ansehen. – Vor zwei
Monden
War hier ein Ritter aus der Normandie.
Ich kenne selbst die Franken aus dem Krieg,
Und sie sind gut zu Pferd; doch dieser Brave
Tat Zauberdinge: er wuchs am Sitze fest,
Und lenkte sein Pferd zu solchen
Wunderkünsten,
Als wäre er einverleibt und halbgeartet
Mit diesem wackeren Tier: es überstieg
Soweit die Vorstellung, daß mein Erfinden
Von Wendungen und Sprüngen hinter dem

Zurückbleibt, was er tat.

LAERTES.

Ein Normann war es?

KÖNIG.

Ein Normann.

LAERTES.

Lamord, bei meinem Leben.

KÖNIG.

Ja, derselbe.

LAERTES.

Ich kenne ihn wohl, er ist auch in der Tat
Das Kleinod und Juwel von seinem Volk.

KÖNIG.

Er ließ bei uns sich über euch vernehmen,
Und gab euch solch ein meisterliches Lob,
Für eure Kunst und Übung in den Waffen,
Insonderheit die Führung des Rapiers:
Es gäbe ein rechtes Schauspiel, rief er aus,

Wenn wer darin sich mit euch messen könnte.
Er schwur, die Fechter seines Landes hätten
Nicht sichere Hut, noch Auge, noch Geschick,
Wenn ihr sie angrifft: dieser sein Bericht
Vergiftete den Hamlet so mit Neid,
Daß er nichts tat als wünschen, daß ihr schleunig
Zurückkämt, um mit euch sich zu versuchen.
Nun, hieraus –

LAERTES.

Was denn hieraus, gnädiger Herr?

KÖNIG.

Laertes, war euch euer Vater wert?
Wie, oder seid ihr gleich dem Gram im Bilde,
Ein Antlitz ohne Herz?

LAERTES.

Wozu die Frage?

KÖNIG.

Nicht als ob ich dächte,
Ihr hättet euren Vater nicht geliebt.

Doch weiß ich, durch die Zeit beginnt die Liebe,
Und sehe an Proben der Erfahrung auch,
Daß Zeit derselben Glut und Funken mäßigt.
Im Innersten der Liebesflamme lebt
Eine Art von Docht und Schnuppe, die sie dämpft,
Und nichts beharrt in gleicher Güte stets:
Denn Güte, die vollblütig wird, erstirbt
Im eigenen Allzuviel. Was man will tun,
Das soll man, wenn man will; denn dies Will ändert sich
Und hat so mancherlei Verzug und Schwächung,
Als es nur Zungen, Hände, Fälle gibt;
Dann ist dies Soll ein prasserischer Seufzer,
Der lindernd schadet. Doch zum Kern der Sache!
Hamlet kommt her: was wollt ihr unternehmen,
Um euch zu zeigen eures Vaters Sohn
In Taten mehr als Worten?

LAERTES.

Ihn in der Kirche erwürgen.

KÖNIG.

Mord sollte freilich nirgends Freistatt finden,
Und Rache keine Grenzen. Doch, Laertes,
Wollt ihr dies tun, so haltet euch zu Haus.
Wir lassen eure Trefflichkeit ihm preisen,
Und doppelt überfirnissen den Ruhm,
Den euch der Franke gab; kurz, bringen euch zusammen,
Und stellen Wetten an auf eure Köpfe.
Er, achtlos, edel, frei von allem Arg,
Wird die Rapiere nicht genau besehen;
So könnt ihr leicht mit ein paar kleinen Griffen
Euch eine nicht gestumpfte Klinge wählen,
Und ihn mit einem wohlgeführten Stoß
Für euren Vater lohnen.

LAERTES.

Ich will es tun
Und zu dem Endzweck meinen Degen salben.
Ein Scharlatan verkaufte mir ein Mittel,
So tödlich, taucht man nur ein Messer drein,

Wo es Blut zieht, kann kein noch so köstlich
Pflaster
Von allen Kräutern unterm Mond, mit Kraft
Gesegnet, das Geschöpf vom Tode retten,
Das nur damit geritzt ist; mit dem Gift
Will ich die Spitze meines Degens netzen,
So daß es, streife ich ihn nur obenhin,
Den Tod ihm bringt.

König.

Bedenken wir dies ferner,
Was für Begünstigung von Zeit und Mitteln
Zu unserem Ziel kann führen. Schlägt dies fehl,
Und blickt durch unsere schlechte Ausführung
Die Absicht, so wär es besser nicht versucht,
Drum muß der Plan noch einen Rückhalt haben,
Der Stich hält, wenn er in der Probe birst.
Still, laßt mich sehn! – Wir gehen feierlich
Auf euer beider Stärke Wetten ein, –
Ich hab es: wenn ihr vom Fechten heiß und
durstig seid,

(Ihr müßt deshalb die Gänge heftiger machen)
Und er zu trinken fordert, soll ein Kelch
Bereit stehen, der, wenn er davon nur nippt,
Entginge er etwa eurem giftigen Stich,
Noch unseren Anschlag sichert. Aber still!
Was für ein Lärm?

(Die Königin *kommt.)*

Nun, werte Königin?

Königin.

Ein Leiden tritt dem anderen auf die Fersen,
So schleunig folgen sie. Laertes, eure Schwester
ist ertrunken.

Laertes.

Ertrunken sagt ihr? Wo?

Königin.

Es neigt ein Weidenbaum sich übern Bach,
Und zeigt im klaren Strom sein graues Laub,
Mit welchem sie phantastische Kränze wand
Von Hahnenfuß, Nesseln, Maßlieb,

Kuckucksblumen.
Dort, als sie aufklomm, um ihr Laubgewinde
An den gesenkten Ästen aufzuhängen,
Zerbrach ein falscher Zweig, und nieder fielen
Die rankenden Trophäen und sie selbst
Ins weinende Gewässer. Ihre Kleider
Verbreiteten sich weit, und trugen sie
Sirenengleich ein Weilchen noch empor,
Indes sie Stellen alter Weisen sang,
Als ob sie nicht die eigene Not begriffen,
Wie ein Geschöpf, geboren und begabt
Für dieses Element. Doch lange währte es nicht,
Bis ihre Kleider, die sich schwer getrunken,
Das arme Kind von ihren Melodien
Hinunterzogen in den schlammigen Tod.

LAERTES.

Ach, ist sie denn ertrunken?

KÖNIGIN.

Ertrunken.

LAERTES.

Zu viel des Wassers hast du, arme Schwester!
Drum halte ich meine Tränen auf. Und doch
Ist es unsere Art; Natur hält ihre Sitte,
Was Scham auch sagen mag: sind die erst fort,
So ist das Weib heraus. – Lebt wohl, mein Fürst.
Ich habe Flammenworte, welche gern
Auflodern möchten, wenn nur diese Torheit
Sie nicht ertränkte.

(Ab.)

KÖNIG.

Laßt uns folgen, Gertrud.
Wie hatte ich Mühe, seine Wut zu stillen!
Nun, fürchte ich, bricht dies wieder ihre
Schranken,
Drum laßt uns folgen.

(Ab.)

Fünfter Aufzug

Erste Szene

Ein Kirchhof.
(Zwei Totengräber kommen mit Spaten u.s.w.)

ERSTER TOTENGRÄBER.

Soll die ein christlich Begräbnis erhalten, die vorsätzlich ihre eigene Seligkeit sucht?

ZWEITER TOTENGRÄBER.

Ich sage dir, sie soll es, mach also flugs ihr Grab. Der Totenbeschauer hat über sie gesessen, und christlich Begräbnis erkannt.

ERSTER TOTENGRÄBER.

Wie kann das sein, wenn sie sich nicht defensionsweise ertränkt hat?

Zweiter Totengräber.

Nun, es ist so befunden.

Erster Totengräber.

Es muß aber se offendendo geschehen, es kann nicht anders sein. Denn dies ist der Punkt: Wenn ich mich wissentlich ertränke, so beweist es eine Handlung, und eine Handlung hat drei Stücke: sie besteht in Handeln, Tun und Verrichten: Ergel hat sie sich wissentlich ertränkt.

Zweiter Totengräber.

Ei, hört doch, Gevatter Schaufler.

Erster Totengräber.

Erlaubt mir. Hier steht das Wasser: gut; hier steht der Mensch: gut. Wenn der Mensch zu diesem Wasser geht und sich selbst ertränkt, so bleibt es dabei, er mag wollen oder nicht, daß er hingeht. Merkt euch das! Aber wenn das Wasser zu ihm kommt, und ihn ertränkt, so ertränkt er sich nicht selbst. Ergel, wer an seinem eigenen Tode nicht schuld ist, verkürzt sein eignes Leben nicht.

ZWEITER TOTENGRÄBER.

Ist das Rechtens?

ERSTER TOTENGRÄBER.

Ei freilich, nach dem Totenbeschauerrecht.

ZWEITER TOTENGRÄBER.

Wollt ihr die Wahrheit wissen? Wenn es kein Fräulein gewesen wäre, so wäre sie auch nicht auf geweihtem Boden begraben.

ERSTER TOTENGRÄBER.

Ja, da haben wir es. Und es ist doch ein Jammer, daß die großen Leute in dieser Welt mehr Aufmunterung haben, sich zu hängen und zu ersäufen, als ihre Christenbrüder. Komm, den Spaten her! Es gibt keine so alten Edelleute als Gärtner, Grabenmacher und Totengräber: sie pflanzen Adams Profession fort.

ZWEITER TOTENGRÄBER.

War der ein Edelmann?

ERSTER TOTENGRÄBER.

Er war der erste, der je armiert war.

ZWEITER TOTENGRÄBER.

Ei, was wollte er!

ERSTER TOTENGRÄBER.

Was? Bist ein Heide? Wie legst du die Schrift aus? Die Schrift sagt: Adam grub. Konnte er ohne Arme graben? Ich will dir noch eine andere Frage vorlegen: wenn du mir nicht gehörig antwortest, so bekenne –

ZWEITER TOTENGRÄBER.

Nur zu!

ERSTER TOTENGRÄBER.

Wer baut fester als der Maurer, der Schiffsbaumeister oder der Zimmermann?

ZWEITER TOTENGRÄBER.

Der Galgenmacher, denn sein Gebäude überlebt an die tausend Bewohner.

ERSTER TOTENGRÄBER.

Dein Witz gefällt mir, meiner Treu. Der Galgen tut gut: aber wie tut er gut? Er tut gut an denen, die übel tun. Nun tust du übel zu sagen, daß der Galgen stärker gebaut ist als die Kirche, also würde der Galgen an dir gut tun. Noch einmal dran! Frisch!

ZWEITER TOTENGRÄBER.

Wer stärker baut als ein Maurer, ein Schiffsbaumeister oder ein Zimmermann?

ERSTER TOTENGRÄBER.

Ja, sag mir das, und du sollst Feierabend haben.

ZWEITER TOTENGRÄBER.

Mein Seel, nun kann ich es sagen!

ERSTER TOTENGRÄBER.

Frisch!

ZWEITER TOTENGRÄBER.

Sapperment, ich kann es doch nicht sagen!

*(*HAMLET *und* HORATIO *treten in einiger Entfernung auf.)*

ERSTER TOTENGRÄBER.

Zerbrich dir den Kopf nicht weiter darum, der dumme Esel geht doch nicht schneller, wie du ihn auch prügeln magst; und wenn dir jemand das nächste Mal die Frage tut, antworte: der Totengräber. Die Häuser, die er baut, währen bis zum Jüngsten Tage. Geh, mach dich ins Wirtshaus und hole mir einen Schoppen Branntwein.

(Zweiter Totengräber ab.)

(Er gräbt und singt.)

In jungen Tagen ich lieben tät,
Das dünkte mir so süß.

Die Zeit zu verbringen, ach früh und spät,
Behagte mir nichts wie dies.

HAMLET.
Hat dieser Kerl kein Gefühl von seinem Geschäft? Er gräbt ein Grab und singt dazu.

HORATIO.
Die Gewohnheit hat es ihm zu einer leichten Sache gemacht.

HAMLET.
So pflegt es zu sein; je weniger eine Hand verrichtet, desto zarter ist ihr Gefühl.

ERSTER TOTENGRÄBER.
(singt.)

Doch Alter mit dem schleichenden Tritt
Hat mich gepackt mit der Faust,
Und hat mich weg aus dem Lande geschifft,
Als hätte ich da nimmer gehaust.

(Wirft einen Schädel auf.)

HAMLET.

Der Schädel hatte einmal eine Zunge und konnte singen. Wie ihn der Schuft auf den Boden schleudert, als wäre es der Kinnbacken Kains, der den ersten Mord beging! Dies mochte der Kopf eines Politikers sein, den dieser Esel nun überlistet; eines, der Gott den Herrn hintergehen wollte, nicht wahr?

HORATIO.

Es ist möglich.

HAMLET.

Oder eines Hofmannes, der sagen konnte: »Guten Morgen, geliebtester Prinz! Wie geht es, bester Prinz?« Dies mochte der gnädige Herr der und der sein, der des gnädigen Herrn des und des Pferdes lobte, wenn er es gern zum Geschenk gehabt hätte, nicht wahr?

HORATIO.

Ja, mein Prinz.

HAMLET.

Ja, ja, und nun Junker Wurm; eingefallen und mit einem Totengräberspaten um die Kinnbacken geschlagen. Das ist mir eine schöne Verwandlung, wenn wir nur die Kunst besäßen, sie zu sehen. Haben diese Knochen nicht mehr zu unterhalten gekostet, als daß man Kegel mit ihnen spielt? Meine tun mir weh, wenn ich daran denke.

ERSTER TOTENGRÄBER.

(singt.)

Ein Grabscheit und ein Spaten wohl,
Samt einem Kittel aus Lein,
Und o, eine Grube, gar tief und hohl,
Für solchen Gast muß sein.

(Wirft einen Schädel auf.)

HAMLET.

Da ist wieder einer: warum könnte das nicht der Schädel eines Rechtsgelehrten sein? Wo sind nun seine Klauseln, seine Praktiken, seine

Fälle und seine Kniffe? Warum leidet er nun, daß dieser grobe Flegel ihn mit einer schmutzigen Schaufel um den Hirnkasten schlägt, und droht nicht, ihn wegen Tätlichkeiten zu belangen? Hum! Dieser Geselle war vielleicht zu seiner Zeit ein großer Käufer von Ländereien, mit seinen Hypotheken, seinen Grundzinsen, seinen Kaufbriefen, seinen Gewährsmännern, seinen gerichtlichen Auflassungen. Werden ihm seine Gewährsmänner nichts mehr von seinen erkauften Gütern gewähren, als die Länge und Breite von ein paar Kontrakten? Sogar die Übertragungsurkunden seiner Ländereien können kaum in diesem Kasten liegen; und soll der Eigentümer selbst nicht mehr Raum haben? He?

HORATIO.

Nicht ein Tüttelchen mehr, mein Prinz.

HAMLET.

Wird nicht Pergament aus Schafsfellen gemacht?

Horatio.

Ja, mein Prinz, und aus Kalbsfellen auch.

Hamlet.

Schafe und Kälber sind es, die darin ihre Sicherheit suchen. Ich will diesen Burschen anreden. – Wessen Grab ist das, heda!

Erster Totengräber.

Meines, Herr.

(Singt.)

> Und o, eine Grube, gar tief und hohl,
> Für solchen Gast muß sein.

Hamlet.

Ich glaube wahrhaftig, daß es deines ist, denn du liegst darin.

Erster Totengräber.

Ihr liegt draußen, Herr, und also ist es nicht eures; ich liege nicht darin, und doch ist es meines.

Hamlet.

Du lügst darin, weil du darin bist, und sagst, daß es deines ist. Es ist aber für die Toten, nicht für die Lebedigen; also lügst du.

Erster Totengräber.

Es ist eine lebendige Lüge, Herr, sie will von mir weg, zu euch zurück.

Hamlet.

Für was für einen Mann gräbst du es?

Erster Totengräber.

Für keinen Mann.

Hamlet.

Für was für eine Frau denn?

Erster Totengräber.

Auch für keine.

Hamlet.

Wer soll denn darin begraben werden?

Erster Totengräber.

Eine gewesene Frau, Herr; aber – Gott habe sie selig! –
Sie ist tot.

Hamlet.

Wie keck der Bursche ist! Wir müssen nach der Schnur sprechen oder er sticht uns mit Silben zu Tode. Wahrhaftig, Horatio, ich habe seit diesen drei Jahren darauf geachtet: das Zeitalter wird so spitzfindig, daß der Bauer dem Hofmann auf die Fersen tritt. – Wie lange bist du schon Totengräber?

Erster Totengräber.

Von allen Tagen im Jahre kam ich just den Tag dazu, da unser voriger König Hamlet den Fortinbras überwand.

Hamlet.

Wie lange ist das her?

ERSTER TOTENGRÄBER.

Wißt ihr das nicht? Das weiß jeder Narr. Es war derselbe Tag, wo der junge Hamlet geboren ward, der nun toll geworden und nach England geschickt ist.

HAMLET.

Ei so! Warum haben sie ihn nach England geschickt?

ERSTER TOTENGRÄBER.

Nun, weil er toll war. Er soll seinen Verstand da wieder kriegen; und wenn er ihn nicht wieder kriegt, so tut es da nicht viel.

HAMLET.

Warum?

ERSTER TOTENGRÄBER.

Man wird es ihm da nicht viel anmerken; die Leute sind da ebenso toll, wie er.

HAMLET.

Wie wurde er toll?

ERSTER TOTENGRÄBER.

Seltsam genug, sagen sie.

HAMLET.

Wie, seltsam?

ERSTER TOTENGRÄBER.

Mein Seel, just dadurch, daß er den Verstand verlor.

HAMLET.

Kennt ihr den Grund?

ERSTER TOTENGRÄBER.

Freilich, dänischer Grund und Boden. Ich bin hier seit dreißig Jahren Totengräber gewesen, in jungen und alten Tagen.

HAMLET.

Wie lange liegt wohl einer in der Erde, ehe er verfault?

Erster Totengräber.

Mein Treu, wenn er nicht schon vor dem Tode verfault ist (wie wir denn heutzutage viele lustsieche Leichen haben, die kaum bis zum Hineinlegen halten), so dauert er euch ein acht bis neun Jahre aus; ein Lohgerber neun Jahre.

Hamlet.

Warum der länger als ein anderer?

Erster Totengräber.

Ei, Herr, sein Gewerbe gerbt ihm das Fell so, daß es eine lange Zeit das Wasser abhält, und das Wasser richtet so eine Blitzleiche verteufelt zu Grunde. Hier ist ein Schädel, der euch dreiundzwanzig Jahre in der Erde gelegen hat.

Hamlet.

Wem gehört er?

Erster Totengräber.

Einem unklugen Blitzkerl. Wer denkt ihr, daß es war?

Hamlet.

Ja, ich weiß nicht.

Erster Totengräber.

Das Wetter über den unklugen Schalk! Er goß mir einmal eine Flasche Rheinwein über den Kopf. Dieser Schädel da war Yoricks Schädel, des Königs Spaßmacher.

Hamlet.

Dieser?

(Nimmt den Schädel.)

Erster Totengräber.

Ja, ja, eben der.

Hamlet.

Ach, armer Yorick! – Ich kannte ihn, Horatio, ein Bursche von unendlichem Humor, voll von den herrlichsten Einfällen. Er hat mich tausendmal auf dem Rücken getragen, und jetzt, wie schaudert meiner Einbildungskraft davor! Mir wird ganz übel. Hier hingen diese Lippen, die ich geküßt habe, ich weiß nicht wie oft. Wo sind nun deine Schwänke, deine Sprünge, deine Lieder, deine Blitze von Lustigkeit, wobei die ganze Tafel in Lachen ausbrach? Ist jetzt keiner da, der sich über dein eigenes Grinsen aufhielte? Alles weggeschrumpft? Nun begib dich in die Kammer der gnädigen Frau und sage ihr, wenn sie auch einen Finger dick auflegt: so ein Gesicht muß sie endlich bekommen; mach sie damit zu lachen! – Sei so gut, Horatio, sage mir dies eine.

HORATIO.

Und was, mein Prinz?

HAMLET.

Glaubst du, daß Alexander in der Erde solchergestalt aussah?

HORATIO.

Gerade so.

HAMLET.

Und so roch? Pah!

(Wirft den Schädel hin.)

HORATIO.

Gerade so, mein Prinz.

HAMLET.

Zu was für schnöden Bestimmungen wir kommen, Horatio! Warum sollte die Einbildungskraft nicht den edlen Staub Alexanders verfolgen können, bis sie ihn findet, wo er ein Spundloch verstopft?

HORATIO.

Die Dinge so betrachten, hieße sie allzu genau betrachten.

HAMLET.

Nein, wahrhaftig, im geringsten nicht. Man könnte ihm bescheiden genug dahin folgen und sich immer von der Wahrscheinlichkeit führen lassen. Zum Beispiel so: Alexander starb, Alexander ward begraben, Alexander verwandelte sich in Staub; der Staub ist Erde; aus

Erde machen wir Lehm: und warum sollte man nicht mit dem Lehm, worin er verwandelt ward, ein Bierfaß stopfen können?

Der große Cäsar, tot und Lehm geworden,
Verstopft ein Loch wohl vor dem rauhen Norden.
O, daß die Erde, der die Welt gebebt,
Vor Wind und Wetter eine Wand verklebt.
Doch still! Doch still! Beiseite! Hier kommt der König!

(Priester u.s.w. kommen in Prozession; die Leiche der Ophelia; Laertes und Leidtragende folgen ihr; der König, die Königin, ihr Gefolge u.s.w.)

Die Königin, der Hof: wem folgen sie?
Und mit so unvollständigen Feierlichkeiten?
Ein Zeichen, daß die Leiche, der sie folgen,
Verzweiflungsvolle Hand an sich gelegt.
Sie war von Stande; lauern wir ein Weilchen
Und geben acht.

(Zieht sich mit Horatio zurück.)

LAERTES.

Was für Gebräuche sonst?

HAMLET.

Das ist Laertes,
Ein edler junger Mann. Gebt acht!

LAERTES.

Was für Gebräuche sonst?
Erster Priester.
Wir dehnten ihr Begräbnis aus, so weit
Die Vollmacht reicht; ihr Tod war zweifelhaft,
Und wenn kein Machtgebot die Ordnung hemmte,
So hätte sie in ungeweihtem Grund
Bis zur Gerichtsdrommete wohnen müssen.
Statt christlicher Gebete sollten Scherben
Und Kieselsteine auf sie geworfen werden.
Hier gönnt man ihr doch ihren Mädchenkranz
Und das Bestreuen mit jungfräulichen Blumen,
Geläut und Grabstätte.

Laertes.

So darf nichts mehr geschehen?

Erster Priester.

Nichts mehr geschehen.
Wir würden ja der Toten Dienst entweihen,
Wenn wir ein Requiem und Ruh ihr sängen,
Wie fromm verschiedenen Seelen.

Laertes.

Legt sie in den Grund,
Und ihrer schönen, unbefleckten Hülle
Entsprießen Veilchen! – Ich sage dir, harter
Priester,
Ein Engel am Thron wird meine Schwester sein,
Derweil du heulend liegst.

Hamlet.

Was? Die schöne Ophelia?

Königin.

(Blumen streuend.)

Der Süßen süßes: Lebe wohl! – Ich hoffte,

Du solltest meines Hamlets Gattin sein. Dein Brautbett, dachte ich, süßes Kind, zu schmücken, nicht zu bestreuen dein Grab.

LAERTES.

O dreifach Wehe
Treffe zehnmal dreifach das verfluchte Haupt,
Dessen Untat deiner sinnigen Vernunft
Dich hat beraubt! – Laßt noch die Erde weg,
Bis ich sie nochmals in die Arme fasse.

(Springt in das Grab.)

Nun häuft den Staub auf Lebende und Tote,
Bis ihr die Fläche habt zum Berg gemacht,
Hoch über Pelion und das blaue Haupt
Des wolkigen Olympus.

HAMLET.

(hervortretend.)

Wer ist der, dessen Gram
So voll Emphase tönt? Dessen Spruch des Wehes
Der Sterne Lauf beschwört und macht sie

stillstehen
Wie schreckbefangene Hörer? – Dies bin ich,
Hamlet der Däne.
(Springt in das Grab.)

LAERTES.
Dem Teufel deine Seele!
(Ringt mit ihm.)

HAMLET.
Du betest schlecht.
Ich bitte dich, laß die Hand von meiner Gurgel:
Denn ob ich schon nicht jäh und heftig bin,
So ist doch was Gefährliches in mir,
Das ich zu scheuen dir rate. Weg die Hand!

KÖNIG.
Reißt sie doch voneinander.

KÖNIGIN.
Hamlet! Hamlet!

ALLE.

Ihr Herren –

HORATIO.

Bester Herr, seid ruhig!

(Einige vom Gefolge bringen sie auseinander und sie kommen aus dem Grabe heraus.)

HAMLET.

Ja, diese Sache fechte ich aus mit ihm,
So lange bis meine Augenlider sinken.

KÖNIGIN.

O mein Sohn! Welche Sache?

HAMLET.

Ich liebte Ophelia; vierzigtausend Brüder
Mit ihrem ganzen Maß von Liebe hätten
Nicht meine Summe erreicht. – Was willst du für sie tun?

KÖNIG.

Er ist verrückt, Laertes.

KÖNIGIN.

Um Gottes willen, laßt ihn!

HAMLET.

Beim Element, sag, was du tun willst!
Willst weinen? Fechten? Fasten? Dich zerreißen?
Willst Essig trinken? Krokodile essen?
Ich tue es. Ich tue es. –
Kommst du zu winseln her?
Springst, um mir Trotz zu bieten, in ihr Grab?
Laß dich mit ihr begraben, ich will es auch;
Und schwatzest du von Bergen, laß auf uns
Millionen Hufen werfen, bis der Boden,
Die Scheitel an der glühenden Zone sengend,
Den Ossa macht zur Warze. – Prahlst du groß,
Ich kann es so gut wie du.

KÖNIG.

Dies ist bloß Wahnsinn;
So tobt der Anfall eine Weile in ihm.

KÖNIGIN.

Doch gleich, geduldig wie das Taubenweibchen,
wenn sie ihr goldenes Paar hat ausgebrütet,
Senkt seine Ruh die Flügel.

HAMLET.

Hört doch, Herr!
Was ist der Grund, daß ihr mir so begegnet?
Ich liebte euch immer: doch es macht nichts aus;
Laßt Herkules selber nach Vermögen tun,
Die Katze maut, der Hund will doch nicht ruhen.

(Ab.)

KÖNIG.

Ich bitte dich, Horatio, geh ihm nach.

(Horatio ab.)

Laertes, unser gestriges Gespräch
Muß die Geduld euch stärken. – Gute Gertrud,
Setzt eine Wache über euren Sohn.
Dies Grab soll ein lebendiges Denkmal haben.
Bald werden wir der Ruhe Stunde sehen,

So lang muß alles mit Geduld geschehen.

(Alle ab.)

Zweite Szene

Ein Saal im Schlosse.
*(*HAMLET *und* HORATIO *treten auf.)*

HAMLET.

Hiervon genug; nun komme ich auf das andere.
Erinnert ihr euch jedes Umstands noch?

HORATIO.

Erinnern, gnädiger Herr?

HAMLET.

In meiner Brust war eine Art von Kampf,
Der mich nicht schlafen ließ; mich dünkte, ich läge
Noch schlimmer als im Stock die Meuter. Rasch –
Und Dank dem raschen Mute! – Laßt uns einsehen,
Daß Unbesonnenheit uns manchmal dient,
Wenn tiefe Plane scheitern, und das lehre uns,
Daß eine Gottheit unsere Zwecke formt,
Wie wir sie auch entwerfen.

HORATIO.

Sehr gewiß.

HAMLET.

Aus meinem Schlafgemach,
Den Schiffermantel um mich her geworfen,
Tappte ich herum nach ihnen, fand sie glücklich,
Griff ihr Paket und zog mich schließlich wieder
Zurück in die Kajüte; meine Furcht
Vergaß die Höflichkeit, und dreist erbrach
Ich ihren höchsten Auftrag. Hier, Horatio,
Fand ich ein königliches Bubenstück:
Ein strenges Geheiß, gespickt mit vielen Gründen,
Betreffend Dänemarks Heil und Englands auch,
Und, heida! Solch ein Spuk, wenn ich entkäme –
Daß gleich auf Sicht, ohne alle Zögerung,
Auch nicht so lange, um nur das Beil zu schärfen,
Das Haupt mir abgeschlagen werden sollte.

HORATIO.

Ist es möglich?

HAMLET.

Hier ist der Auftrag:
Lies ihn nur bei Muße.
Doch willst du hören, wie ich nun verfuhr?

HORATIO.

Ja, ich ersuche euch drum.

HAMLET.

So rings umstrickt mit Bübereien, fing,
Ehe ich noch den Prolog dazu gehalten,
Mein Kopf das Spiel schon an. Ich setzte mich,
Sann einen Auftrag aus, schrieb ihn ins Reine.
Ich hielt es einst, wie unsere großen Herren,
Für niedrig, schön zu schreiben, und bemühte
Mich sehr, es zu verlernen; aber jetzt
Tat es mir Ritterdienste. Willst du wissen,
Was meine Schrift enthielt?

HORATIO.

Ja, bester Herr.

HAMLET.

Die ernstlichste Beschwörung von dem König,
sofern ihm England treu die Lehnspflicht hielte,
sofern ihr Bund blühen sollte wie die Palme,
sofern der Friede in seinem Ährenkranz
Stets beider Freundschaft bindend sollte stehen,
Und manchem wichtigen sofern der Art –
Wann er den Inhalt dieser Schrift ersehen,
Möchte er ohne alles fernere Bedenken
Die Überbringer schnell zum Tode fördern,
Selbst ohne Frist zum Beichten.

HORATIO.

Wie wurde dies versiegelt?

HAMLET.

Auch darin war des Himmels Vorsicht wach.
Ich hatte im Beutel meines Vaters Petschaft,
Das dieses dänischen Siegels Muster war.
Ich faltete den Brief dem anderen gleich,
Dann unterschrieb ich, drückte drauf das Siegel,
Legte ihn an seinen Ort: der Wechselbalg

Ward nicht erkannt. Am nächsten Tage nun
War unser Seegefecht, und was dem folgte,
Das weißt du schon.

Horatio.

Und Güldenstern und Rosenkranz
Gehen drauf.

Hamlet.

Ei, Freund, sie buhlten ja um dies Geschäft,
Sie rühren mein Gewissen nicht: ihr Fall
Entspringt aus ihrer eigenen Einmischung.
Es ist mißlich, wenn die schlechtere Natur
Sich zwischen die entbrannten Degenspitzen
Von mächtigen Gegnern stellt.

Horatio.

Was für ein König!

Hamlet.

Was dünkt dir, liegt es mir jetzt nah genug?
Der meinen König totschlug, meine Mutter
Zur Hure machte; zwischen die Erwählung

Und meine Hoffnungen sich eingedrängt;
Die Angel warf nach meinem eigenen Leben
Mit solcher Hinterlist: ist es nicht vollkommen
billig,
Mit diesem Arme dem den Lohn zu geben?
Und ist es nicht Verdammnis, diesen Krebs
An unserem Fleisch noch länger nagen lassen?

HORATIO.

Ihm muß von England bald gemeldet werden,
Wie dort der Ausgang des Geschäftes ist.

HAMLET.

Bald wird es geschehen: die Zwischenzeit ist
mein; ein Menschenleben ist als zählt man eins.
Doch ich bin sehr bekümmert, Freund Horatio,
Daß mit Laertes ich mich selbst vergaß:
Denn in dem Bilde seiner Sache sehe ich
Der meinen Gegenstück. Ich schätze ihn gern,
Doch wirklich, seines Schmerzes Prahlerei
Empörte mich zu wilder Leidenschaft.

HORATIO.

Still doch! Wer kommt?

*(*OSRICK *kommt.)*

OSRICK.

Willkommen Eurer Hoheit hier in Dänemark.

HAMLET.

Ich danke euch ergebenst, Herr. – Kennst du diese Mücke?

HORATIO.

Nein, bester Herr.

HAMLET.

Um so besser ist für dein Heil gesorgt, denn es ist ein Laster, ihn zu kennen. Er besitzt viel und fruchtbares Land; wenn ein Tier Fürst der Tiere ist, so wird seine Krippe neben des Königs Gedeck stehen. Er ist eine Elster, aber, wie ich dir sage, mit weitläufigen Besitzungen von Kot gesegnet.

OSRICK.

Geliebtester Prinz, wenn Eure Hoheit Muße hätte, so wünschte ich euch Etwas von Seiner Majestät mitzuteilen.

HAMLET.

Ich will es mit aller Aufmerksamkeit empfangen, Herr. Eure Mütze an ihre Stelle: sie ist für den Kopf.

OSRICK.

Ich danke Eurer Hoheit, es ist sehr heiß.

HAMLET.

Nein, auf mein Wort, es ist sehr kalt; der Wind ist nördlich.

OSRICK.

Es ist ziemlich kalt, in der Tat, mein Prinz.

HAMLET.

Aber doch dünkt mich, es ist ungemein schwül und heiß, oder mein Temperament –

Osrick.

Außerordentlich, gnädiger Herr, es ist sehr schwül – auf gewisse Weise – ich kann nicht sagen wie. Gnädiger Herr, Seine Majestät befahl mir, euch wissen zu lassen, daß er eine große Wette auf euren Kopf angestellt hat. Die Sache ist folgende, Herr: –

Hamlet.

Ich bitte euch, vergeßt nicht!

(Hamlet nötigt ihn, den Hut aufzusetzen.)

Osrick.

Erlaubt mir, wertester Prinz, zu meiner eigenen Bequemlichkeit. Vor kurzem, Herr, ist Laertes hier an den Hof gekommen: auf meine Ehre, ein vollkommener Kavalier, von den vortrefflichsten Auszeichnungen, von einer sehr gefälligen Unterhaltung und glänzendem Äußern. In der Tat, um mit Sinn von ihm zu sprechen, er ist die Musterkarte der feinen Lebensart, denn ihr werdet in ihm den Inbegriff aller Gaben finden, die ein Kavalier nur wünschen kann zu sehen.

HAMLET.

Seine Erörterung, Herr, leidet keinen Verlust in eurem Munde, ob ich gleich weiß, daß es die Rechenkunst des Gedächtnisses irre machen würde, ein vollständiges Verzeichnis seiner Eigenschaften aufzustellen. Und doch würde es nur aus dem Groben sein, in Rücksicht seines behenden Fluges. Aber im heiligsten Ernste der Lobpreisung, ich halte ihn für einen Geist von großem Umfange und seine innere Begabung so köstlich und selten, daß, um uns wahrhaft über ihn auszudrücken, nur sein Spiegel seinesgleichen ist, und wer sonst seiner Spur nachgehen will, sein Schatten, nichts weiter.

OSRICK.

Eure Hoheit spricht ganz untrüglich von ihm.

HAMLET.

Der Betreff, Herr? Warum lassen wir den rauhen

Atem unserer Rede über diesen Kavalier gehen?

Osrick.

Prinz?

Hamlet.

Was bedeutet die Nennung dieses Kavaliers?

Osrick.

Des Laertes?

Horatio.

Sein Beutel ist schon leer: alle seine goldenen Worte sind ausgegeben.

Hamlet.

Ja, des nämlichen.

Osrick.

Ich weiß, ihr seid nicht ununterrichtet –

Hamlet.

Ich wollte, ihr wüßtet es, Herr, ob es mich gleich, bei meiner Ehre, noch nicht sehr empfehlen würde. – Nun wohl, Herr!

Osrick.

Ihr seid nicht ununterrichtet, welche Vollkommenheit Laertes besitzt –

Hamlet.

Ich darf mich dessen nicht rühmen, um mich nicht mit ihm an Vollkommenheit zu vergleichen! Einen andern Mann aus dem Grunde kennen, hieße sich selbst kennen.

Osrick.

Ich meine, Herr, was die Führung der Waffen betrifft; nach der Beimessung, die man ihm erteilt, ist er darin ohnegleichen.

Hamlet.

Was ist seine Waffe?

Osrick.

Degen und Stoßklinge.

HAMLET.

Das wären dann zweierlei Waffen; doch weiter.

OSRICK.

Der König, Herr, hat mit ihm sechs Berberhengste gewettet; wogegen er, wie ich höre, sechs französische Degen samt Zubehör, als Gürtel, Gehenke und so weiter, verpfändet hat. Drei von den Gestellen sind in der Tat dem Auge sehr gefällig, den Gefäßen sehr angemessen, unendlich zierliche Gestelle und von sehr geschmackvoller Erfindung.

HAMLET.

Was nennt ihr die Gestelle?

HORATIO.

Ich wußte, ihr würdet euch noch an seinen Randglossen erbauen müssen, ehe das Gespräch zu Ende wäre.

OSRICK.

Die Gestelle sind die Gehenke.

HAMLET.

Der Ausdruck würde schicklicher für die Sache sein, wenn wir eine Kanone an der Seite führen könnten; bis dahin laßt es immer Gehenke bleiben. Aber weiter: sechs Berberhengste gegen sechs französische Degen, ihr Zubehör, und drei geschmackvoll erfundene Gestelle: Das ist eine französische Wette gegen eine dänische. Weswegen haben sie dies verpfändet, wie ihr es nennt?

OSRICK.

Der König, Herr, hat gewettet, daß Laertes in zwölf Stößen von beiden Seiten nicht über drei vor euch voraushaben soll; er hat auf zwölf gegen neun gewettet; und es würde sogleich zum Versuch kommen, wenn Eure Hoheit zu der Erwiderung geneigt wäre.

HAMLET.

Wenn ich nun erwidere: nein?

OSRICK.

Ich meine, gnädiger Herr, die Stellung eurer Person zu dem Versuche.

HAMLET.

Ich will hier im Saale auf und ab gehen; wenn es Seiner Majestät gefällt, es ist jetzt bei mir die Stunde frische Luft zu schöpfen. Laßt die Rapiere bringen; hat Laertes Lust, und bleibt der König bei seinem Vorsatze, so will ich für ihn gewinnen, wenn ich kann; wo nicht, so werde ich nichts als die Schande und die überzähligen Stöße davontragen.

OSRICK.

Soll ich eure Meinung so erklären?

HAMLET.

In diesem Sinne, Herr, mit Ausschmückungen nach eurem Geschmack.

OSRICK.

Ich empfehle Eurer Hoheit meine Ergebenheit.

(Ab.)

HAMLET.

Der Eurige. Er tat wohl daran, sie selbst zu empfehlen: es möchte ihm sonst kein Mund zu Gebote stehen.

HORATIO.

Dieser Kiebitz ist mit der halben Eierschale auf dem Kopfe aus dem Nest gelaufen.

HAMLET.

Er machte Umstände mit seiner Mutter Brust, ehe er daran sog. Auf diese Art hat er, und viele andere von demselben Schlage, in die das schale Zeitalter verliebt ist, nur den Ton der Mode und den äußerlichen Schein der Unterhaltung erhascht: eine Art von aufbrausender Mischung, die sie durch die blödesten und gesichtetsten Urteile mitten hindurch führt; aber man treibe sie nur zu näherer Prüfung, und die Blasen platzen.

(Ein Edelmann kommt.)

EDELMANN.

Gnädiger Herr, Seine Majestät hat sich euch durch den jungen Osrick empfehlen lassen, der ihm meldet, daß ihr ihn im Saale erwarten wollt. Er schickt mich, um euch zu fragen: ob eure Lust, mit Laertes zu fechten, fortdauert, oder ob Ihr längeren Aufschub dazu verlangt.

HAMLET.

Ich bleibe meinen Vorsätzen treu, sie richten sich nach des Königs Wunsche. Wenn es ihm gelegen ist, bin ich bereit, jetzt oder zu jeder anderen Zeit; vorausgesetzt, daß ich so gut imstande bin wie jetzt.

EDELMANN.

Der König und die Königin sind alle auf dem Wege hierher.

HAMLET.

In Gottes Namen.

EDELMANN.

Die Königin wünscht, ihr möchtet den Laertes freundschaftlich anreden, ehe ihr anfangt zu fechten.

HAMLET.

Ihr Rat ist gut.

(Der Edelmann ab.)

HORATIO.

Ihr werdet diese Wette verlieren, mein Prinz.

HAMLET.

Ich denke nicht: seit er nach Frankreich ging, bin ich in beständiger Übung geblieben; ich werde bei der ungleichen Wette gewinnen. Aber du kannst dir nicht vorstellen, wie übel es mir hier ums Herz ist.
Doch es tut nichts.

HORATIO.

Nein, bester Herr –

HAMLET.

Es ist nur Torheit; aber es ist eine Art von schlimmer Ahndung, die vielleicht ein Weib ängstigen würde.

HORATIO.

Wenn eurem Gemüt irgend etwas widersteht, so gehorcht ihm: ich will ihrer Hierherkunft zuvorkommen, und sagen, daß ihr nicht aufgelegt seid.

HAMLET.

Nicht im geringsten. Ich trotze allen Vorbedeutungen: es waltet eine besondere Vorsehung über den Fall eines Sperlings. Geschieht es jetzt, so geschieht es nicht in Zukunft; geschieht es nicht in Zukunft, so geschieht es jetzt; geschieht es jetzt nicht, so geschieht es doch einmal in Zukunft. In Bereitschaft sein ist alles. Da kein Mensch weiß, was er verläßt, was kommt darauf an, frühzeitig zu verlassen? Mag es sein.

(Der König, die Königin, Laertes, Herren vom Hofe, Osrick und anderes Gefolge mit Rapieren u.s.w.)

KÖNIG.

Kommt, Hamlet, kommt! Nehmt diese Hand von mir.

(Der König legt die Hand des LAERTES *in die des* HAMLET.*)*

HAMLET.

Gewährt Verzeihung, Herr; Ich tat euch unrecht,
Allein verzeiht um eurer Ehre willen.
Der Kreis hier weiß, ihr hörtet es auch gewiß,
Wie ich mit schwerem Trübsinn bin geplagt.
Was ich getan, das die Natur in euch, die Ehre und Sitte,
Hart aufgeregt, erkläre ich hier für Wahnsinn.
War es Hamlet, der Laertes kränkte? Nein.
Wenn Hamlet von sich selbst geschieden ist,
Und weil er nicht er selbst, Laertes kränkt,
Dann tut es Hamlet nicht, Hamlet verleugnet es.
Wer tut es denn? Sein Wahnsinn. Ist es so,

So ist er ja auf der gekränkten Seite:
Sein Wahnsinn ist des armen Hamlets Feind.
Vor diesen Zeugen, Herr,
Laßt mein Verleugnen aller schlimmen Absicht
Soweit vor eurer Großmut frei mich sprechen,
Als ich den Pfeil nur sandte übers Haus,
Und meinen Bruder traf.

LAERTES.

Mir ist genug geschehen für die Natur,
Die mich in diesem Fall am stärksten sollte
Zur Rache treiben. Doch nach Ehrenrechten
Halte ich mich fern und weiß nichts von
Versöhnung,
Bis ältere Meister von geprüfter Ehre
Zum Frieden ihren Rat und Spruch verleihen,
Für meines Namens Rettung: bis dahin
Empfange ich eure dargebotene Liebe
Als Liebe, und will ihr nicht zu nahe tun.

HAMLET.

Gern trete ich bei, und will mit Zuversicht

Um diese brüderliche Wette fechten.
Gebt uns Rapiere, kommt!

LAERTES.
Kommt, einen mir.

KÖNIG.
Gebt ihnen die Rapiere, junger Osrick.
Ihr wißt doch, Vetter Hamlet, unsere Wette?

HAMLET.
Vollkommen: Eure Hoheit hat den Ausschlag
Des Preises auf die schwächere Hand gelegt.

KÖNIG.
Ich fürchte es nicht, ich sah euch beide sonst;
Er lernte zu, drum gibt man uns voraus.

LAERTES.
Das ist zu schwer, laßt einen anderen sehen.

HAMLET.
Das steht mir an: sind alle gleicher Länge?

(Sie bereiten sich zum Fechten.)

OSRICK.

Ja, bester Herr.

KÖNIG.

Setzt mir die Flaschen Wein auf diesen Tisch,
Wenn Hamlet trifft zum ersten oder zweiten,
Wenn er beim dritten Tausch den Stoß erwidert,
Laßt das Geschütz von allen Zinnen feuern,
Der König trinkt auf Hamlets Wohlsein dann,
Und eine Perle wirft er in den Kelch,
Mehr wert, als die vier Könige nacheinander
In Dänemarks Krone trugen. Gebt die Kelche:
Laßt die Trompete zu der Pauke sprechen,
Die Pauke zu dem Kanonier hinaus,
Zum Himmel das Geschütz, den Himmel zur
Erde:
Jetzt trinkt der König Hamlet zu. – Fangt an,
Und ihr, die Richter, habt ein achtsames Auge.

HAMLET.

Kommt, Herr.

LAERTES.

Wohlan, mein Prinz.

(Sie fechten.)

HAMLET.

Eins.

LAERTES.

Nein.

HAMLET.

Richterspruch.

OSRICK.

Getroffen, offenbar getroffen!

LAERTES.

Gut, noch einmal.

KÖNIG.

Halt! Wein her! – Hamlet, diese Perle ist dein,

Hier auf dein Wohl! Gebt ihm den Kelch.

(Trompetenstoß und Kanonenschüsse hinter der Szene.)

HAMLET.

Ich fechte erst diesen Gang, setzt ihn beiseite.
Kommt!

(Sie fechten.)

Wiederum getroffen; was sagt ihr?

LAERTES.

Berührt! Berührt! Ich gebe es zu.

KÖNIG.

Unser Sohn gewinnt.

KÖNIGIN.

Er ist fett und kurz von Atem.
Hier Hamlet, nimm mein Tuch, reib dir die Stirn.
Die Königin trinkt auf dein Glück, mein Hamlet.

HAMLET.

Gnädige Mutter –

KÖNIG.

Gertrud, trink nicht.

KÖNIGIN.

Ich will es, mein Gemahl; ich bitte, erlaubt mir.

KÖNIG.

(beiseite.)

Es ist der giftige Kelch; es ist zu spät.

HAMLET.

Ich darf jetzt noch nicht trinken, gnädige Frau:

Sogleich.

KÖNIGIN.

Komm, laß mich dein Gesicht abtrocknen.

LAERTES.

Mein Fürst, jetzt treffe ich ihn.

KÖNIG.

Ich glaube es nicht.

LAERTES.

(beiseite.)

Und doch, beinah ist es gegen mein Gewissen.

HAMLET.

Laertes, kommt zum dritten nun: ihr tändelt.
Ich bitte euch, stoßt mit eurer ganzen Kraft;
Ich fürchte, daß ihr mich zum besten habt.

LAERTES.

Meint ihr? Wohlan!

(Sie fechten.)

OSRICK.

Auf beiden Seiten nichts.

LAERTES.

Jetzt seht euch vor.

(Laertes verwundet den Hamlet; darauf wechseln sie in der Hitze des Gefechts die Rapiere und Hamlet verwundet den Laertes.)

KÖNIG.

Trennt sie, sie sind erhitzt.

HAMLET.

Nein, noch einmal!

(Die Königin sinkt um.)

OSRICK.

Seht nach der Königin!

HORATIO.

Sie bluten beiderseits. – Wie steht es, mein Prinz?

OSRICK.

Wie steht es, Laertes?

LAERTES.

Gefangen in der eigenen Schlinge, Osrick!
Mich fällt gerechterweise mein Verrat.

HAMLET.

Was ist der Königin?

KÖNIG.

Sie fällt in Ohnmacht, weil sie bluten sieht.

KÖNIGIN.

Nein, nein! Der Trank, der Trank! – O, lieber Hamlet! Der Trank, der Trank! – Ich bin vergiftet.

(Sie stirbt.)

HAMLET.

O Büberei! – Ha! Laßt die Türen schließen.
Verrat! Sucht, wo er steckt.

(Laertes fällt.)

LAERTES.

Hier, Hamlet: Hamlet, du bist umgebracht.
Kein Mittel in der Welt errettet dich,
In dir ist keine halbe Stunde Leben.
Des Frevels Werkzeug ist in deiner Hand,
Unabgestumpft, vergiftet; meine Arglist
Hat sich auf mich gewendet: sieh! Hier liege ich,
Nie wieder aufzustehen – vergiftet deine Mutter –
Ich kann nicht mehr – des Königs Schuld, des Königs!

HAMLET.

Die Spitze auch vergiftet?
So tue denn, Gift, dein Werk!

(Er ersticht den KÖNIG.*)*

OSRICK. (und HERREN VOM HOFE).

Verrat! Verrat!

KÖNIG.

Noch helft mir, Freunde! Ich bin nur verwundet.

HAMLET.

Hier, mörderischer, blutschänderischer, verruchter Däne! Trink diesen Trank aus! – Ist die Perle hier?

Folg meiner Mutter!

(Der König stirbt.)

LAERTES.

Ihm geschieht sein Recht:
Es ist ein Gift von seiner Hand gemischt.
Laß uns Vergebung wechseln; edler Hamlet!

Mein Tod und meines Vaters komme nicht über dich,
Noch deiner über mich!
(Er stirbt.)

HAMLET.
Der Himmel mache
Dich frei davon! Ich folge dir. – Horatio,
Ich sterbe. – Arme Königin, fahr wohl!
Ihr, die erblaßt und bebt bei diesem Fall,
Und seid nur stumme Hörer dieser Handlung,
Hätte ich nur Zeit, – der grause Scherge Tod
Verhaftet schleunig, – o ich könnte euch sagen!
Doch sei es drum. – Horatio, ich bin hin;
Du lebst: erkläre mich und meine Sache
Den Unbefriedigten.

HORATIO.
Nein, glaub das nicht,
Ich bin ein alter Römer, nicht ein Däne:
Hier ist noch Trank zurück.

HAMLET.

Wo du ein Mann bist,
Gib mir den Kelch! Beim Himmel, laß! Ich will ihn!
O Gott! – Welch ein verletzter Name, Freund,
Bleibt alles so verhüllt, wird nach mir leben.
Wenn du mich je in deinem Herzen trugst,
Verbanne noch dich von der Seligkeit,
Und atme in dieser herben Welt mit Müh,
Um mein Geschick zu melden. –

(Marsch in der Ferne, Schüsse hinter der Szene.)

Welch kriegerischer Lärm?

OSRICK.

Der junge Fortinbras, der siegreich eben
Zurück von Polen kehrt, gibt den Gesandten
Von England diesen kriegerischen Gruß.

HAMLET.

O, ich sterbe, Horatio!
Das starke Gift bewältigt meinen Geist;

Ich kann von England nicht die Zeitung hören.
Doch prophezeie ich, die Erwählung fällt
Auf Fortinbras: er hat mein sterbendes Wort:
Das sagt ihm, samt den Fügungen des Zufalls,
Die es dahin gebracht. – Der Rest ist Schweigen.

(Er stirbt.)

HORATIO.

Da bricht ein edles Herz. – Gute Nacht, mein Fürst! Und Engelscharen singen dich zur Ruh! – Weswegen naht die Trommel?

(Marsch hinter der Szene.)
FORTINBRAS, *die englischen* GESANDTEN *und* ANDERE *kommen.*

FORTINBRAS.

Wo ist dies Schauspiel?

HORATIO.

Was ist es, das ihr zu sehen begehrt? Wenn irgendein Weh oder Wunder, laßt vom Suchen ab.

FORTINBRAS.

Die Niederlage hier schreit Mord. – O stolzer Tod,
welch Fest geht vor in deiner ewigen Zelle,
Daß du auf einen Schlag so viele Fürsten so blutig trafst?

ERSTER GESANDTER.

Der Anblick ist entsetzlich,
Und das Geschäft von England kommt zu spät.
Taub sind die Ohren, die Gehör uns sollten
Verleihen, sein Befehl sei ausgeführt,
Und Rosenkranz und Güldenstern seien tot.
Wo wird uns Dank zu teil?

HORATIO.

Aus seinem Munde nicht,
Hätte er dazu die Lebensregung auch.
Er gab zu ihrem Tode nie Befehl.
Doch weil so schnell nach diesem blutigen Schlage,
Ihr von dem Zug nach Polen, ihr aus England,
Hierhergekommen seid, so ordnet an,

Daß diese Leichen hoch auf einer Bühne
Vor aller Augen werden ausgestellt,
Und laßt der Welt, die noch nicht weiß, mich sagen,
Wie alles dies geschah; so sollt ihr hören
Von Taten, fleischlich, blutig, unnatürlich,
Zufälligen Gerichten, blindem Mord;
Von Toden, durch Gewalt und List bewirkt,
Und Planen, die verfehlt zurückgefallen
Auf der Erfinder Haupt: dies alles kann ich
Mit Wahrheit melden.

FORTINBRAS.

Eilen wir zu hören,
Und ruft die Edelsten zu der Versammlung.
Was mich betrifft, mein Glück umfange ich trauernd;
Ich habe alte Rechte an dieses Reich,
Die anzusprechen mich mein Vorteil heißt.

HORATIO.

Auch hiervon werde ich Grund zu reden haben.

Und zwar aus dessen Mund, dessen Stimme
mehre
Wird nach sich ziehen; aber laßt uns dies
Sogleich verrichten, weil noch die Gemüter
Der Menschen wild sind, daß kein Unheil mehr
Aus Ränken und Verwirrung möge entstehen.

FORTINBRAS.

Laßt vier Hauptleute Hamlet auf die Bühne
Gleich einem Krieger tragen: denn er hätte,
Wäre er hinaufgelangt, unfehlbar sich
Höchst königlich bewährt; und bei dem Zug
Laßt Feldmusik und alle Kriegsgebräuche
Laut für ihn sprechen.
Nehmt auf die Leichen! Solch ein Blick wie der
Ziemt wohl dem Feld, doch hier entstellt er sehr.
Geht, heißt die Truppen feuern!

(Ein Totenmarsch.)

(Sie gehen ab, indem sie die Leichen wegtragen, hierauf wird eine Artilleriesalve abgefeuert.)